Eberhard Apffelstaedt

Kuckuck! ruft der Elch

Eberhard Apffelstaedt

Kuckuck! ruft der Elch

Matti der Finne zu Besuch in Deutschland

Heiner Labonde Verlag

ISBN 978-3-937507-40-8

Gestaltung: Antje Zerressen, Pada ri GmbH, Essen
Printed in Germany

Inhalt

Das vorliegende Buch wurde vor dem Hintergrund realer Ereignisse und Erlebnisse verfasst. Die Darstellungen sind jedoch deutlich überzeichnet und persifliert. Alle Personenangaben im Text sind verändert, insbesondere wurden die Namen der handelnden Akteure frei erfunden. Das Gleiche gilt für vorkommende Vereinsnamen und ähnliche Details. Jede etwaige Ähnlichkeit mit lebenden oder verstorbenen Personen oder mit real existierenden Vereinen etc. ist nicht beabsichtigt und wäre rein zufällig.

1

Da stand ich nun. Das Wetter zeigte sich zwar nicht von seiner besten, aber immerhin manierlichen Seite: Der Himmel war bewölkt, aber es regnete nicht. Die Anfahrt nach Travemünde war gut verlaufen, nun erwartete ich das Einlaufen der ›Finnmaid‹.

Die Wartezeit verbrachte ich nach kurzer Überlegung nicht im tristen Empfangsgebäude des neuen Passagierhafens am Skandinavienkai, sondern in Travemünde auf der Uferpromenade, als heimlicher Beobachter quirliger Kinder, gestresster Eltern und teils genervter, teils entspannt dreinschauender Senioren. Diese stirnrunzelnden oder verständnisinnig schmunzelnden älteren Semester hatten die meisten Bänke am Hafen besetzt. Derartiger Kindertrubel lag längst hinter ihnen, zumindest die damit verbundene elterliche Verantwortung.

Ich ließ mich neben einem antiquarischen Paar nieder. Meinem Gesicht gab ich den Ausdruck von intellektueller Anspruchslosigkeit (was mir gar nicht schwer fällt) und lauschte dem Zwiegespräch meiner Banknachbarn. Beide waren im Kontrast zur nordischen Umgebung in bayerische Jankerl gekleidet und mit Jägerhütchen bewaffnet. Genüsslich bissen sie in ihre Fischbrötchen und tauschten ihre Meinungen aus. Dabei störte den bayrischen Wurzelsepp in keiner Weise die Schwanzflosse eines Herings, die ihm aus der Backentasche hing. Im Gegenteil: Das machte seine Kommentare durchaus kerniger und zumindest olfaktorisch bemerkenswerter. Seine Partnerin kaute deutlich dezenter, hinter vorgehaltener Hand. Was allerdings ihre Äußerungen schwerer verständlich machte, zumal sie ganz offensichtlich der Meinung war, ich als ungeplanter Zuhörer solle nicht alles mitbekommen. Wenigstens vermittelten mir ihre häufigen forschenden Blicke in meine Richtung diesen Eindruck. Thema des Dialogs (eher eine Reihe von Monologfetzen), der von mir hier ins Hochdeutsche transponiert wiedergegeben wird: »Diese jungen Eltern: Wie hilflos doch die jungen Leute sind.« – »Keine Ahnung von Erziehung.« – »Da waren wir ganz anders.« – »Haben gesagt, wo's lang geht.« – »Respekt, weißt du, ist das Wichtigste.« – »Und Ordnung!« – »Und hören müssen sie!« – »Ein Klaps hat noch keinem geschadet! Schau mich an: Mein Vater hat durchgegriffen, oho, meine Liebe, wehe, wenn ich nicht spurte! Und, hat's mir geschadet?!« Die Begleiterin meines bayrischen Banknachbarn wiegte bei dieser Frage unsicher ihren Kopf und blieb die Antwort schuldig. – »Jetzt guck' doch mal, die junge Frau dort: völlig überfordert!« – »Hätt's bei uns nicht gegeben! – »Und erst ihr Mann!« – »Unmöööglich!«

Diese Bemerkungen bezogen sich auf eine schweißgebadete Mutter, die ihren Jüngsten gerade noch am Hosenbund erwischte, kurz vor dessen Absturz ins Hafenbecken. Der zugehörige Papa rettete derweil eine bedauernswerte Möwe vor den Jagdversuchen seiner fünfjährigen Tochter, die partout das Vögelchen unter den Arm geklemmt mit nach Hause nehmen wollte. Beide Kinder taten ihre Unlust über die Unterbrechung ihrer Abenteuer durch eindringliches Geschrei kund.

Warum aber wartete ich voller Ungeduld auf die Ankunft eines Schiffes aus Finnland? Wer oder was hatte mich bewogen, die weite Fahrt nach Travemünde auf mich zu nehmen? Weshalb setzte ich mich den vollmundigen, fischbrötchengeschwängerten Weisheiten meiner bayrischen Bankmitbenutzer aus?

Es sei sogleich verraten: Mein guter, lieber, meist aufgekratzter, mitunter allerdings auch etwas anstrengender, finnischer Freund

Matti hatte sich zu einem Besuch angemeldet. Inklusive seiner geduldigen und ihren Matti – Gott sei's gelobt – öfters mal dezent ausbremsenden Ehefrau Päivi.

Man stelle sich vor: Matti in Deutschland. Matti in Deutschland! MATTI IN DEUTSCHLAND!

Als Matti uns vier, fünf Monate zuvor mittels Brief eröffnete, er und Päivi hätten die Absicht, wörtlich: »Euch mit unserer Anwesenheit für eine oder zwei Wochen zu beehren und zu beglücken« (!), glaubte ich zuerst an einen der üblichen Matti-Scherze. Schließlich hatte er im Winter zuvor, damals per E-Mail, lapidar verkündet, unser Sommerhaus in Finnland, nach dem er regelmäßig schaute, habe einen kleinen Schaden erlitten: Das Dach sei durch die darauf lastenden Schneemassen eingestürzt.

Glücklicherweise kam damals kurze Zeit später, während meine liebreizende finnische Ehefrau soeben das zweite tränendurchtränkte Kopfkissen gegen Nummer drei auswechseln wollte, eine Mail von Päivi. Sie entschuldigte sich tausend Mal für Mattis Mitteilung. Der Chaot hatte ihr angekündigt, er wolle seinen deutschen Kumpel mal etwas aufmuntern und eine fröhliche Mail senden. Lediglich aus langjähriger Erfahrung, was so etwas bei Matti heißen kann, habe sie dann die erwähnte Mail gelesen. Selbstverständlich sei unsere Kate völlig in Ordnung; ihren Matti aber habe sie strafeshalber für die nächsten fünf Stunden im ehemaligen Schweinestall eingesperrt, ohne Wasser und Brot und ohne Heizung. Wie ich später von Matti erfuhr, wusste sie allerdings nicht, dass er dort einen Vorrat an pontikka, seinem hausgemachten Schnaps, versteckt hatte.

Vor dem Hintergrund solcher und ähnlicher Possen interpretierte ich also Mattis überraschende Ankündigung eines

Deutschlandbesuchs als ähnlich launigen Schabernack und antwortete unbefangen und unbeschwert: »Tervetuloa Saksaan! Willkommen in Deutschland!«. Woraufhin fünf Tage später die Bestätigung mit Angabe der Reisedaten eintrudelte, diesmal auch von Päivi unterschrieben. Da wussten wir: Es ist ernst gemeint.

Die nächsten Wochen und Monate waren denn auch mit diversen Vorbereitungen auf Mattis Besuch angefüllt, einer Art Überlebenstraining, wie meine stets illusionslose Lebensgefährtin es nannte.

Und die Maßnahmen waren drastisch. So fuhren wir in unserer Sauna die Hitze Schritt für Schritt hoch, von anfangs 95 bis auf maximal 130 Grad. Parallel dazu wurde die Mindestaufenthaltsdauer auf zwei Stunden ausgedehnt – wohlgemerkt *in* der Sauna. Diese Vorkehrungen waren nach unser beider Überzeugung absolut notwendig. Denn wir erinnerten uns sehr gut, dass Matti grundsätzlich davon ausgeht, er und nur er sei der ungekrönte Saunakönig, was Hitze, Durchhaltevermögen und auch löyly (das finnische Wort für Aufguss) anbetrifft.

Eine weitere Aktion wurde von uns per telefonischem Rundruf und dem Einwurf von Handzetteln in die nachbarlichen Briefkästen durchgeführt. Sie betraf ausnahmslos sämtliche männlichen Bewohner in einem Umkreis von 200 Metern um unseren Wohnsitz: Wir forderten sie dringend auf, sich umgehend ärztlich auf ihre Saunatauglichkeit untersuchen zu lassen und uns ein entsprechendes Attest vorzulegen. Auch dies schien uns notwendig, da damit zu rechnen war, dass Freund Matti nichts unversucht lassen würde, all die liebenswerten Menschen unseres Wohngebietes von seiner Saunaüberlegenheit zu überzeugen: Indem er sie in unsere Sauna einlud, selbstverständlich – und sie gegebenenfalls so lange bearbeitete, bis sie schlussendlich nachgaben. Dabei, ich weiß ein leidvolles Lied davon zu singen, lässt der Bursche keinerlei Ausflüchte gelten!

Da ich meinen lieben Matti seit Ewigkeiten kenne, ließ ich ferner unseren Dorfschlosser kommen und am Weinkeller ein Sicherheitsschloss installieren, ähnlich dem im Schließfachraum unserer Bank ... Zudem bat ich ihn, die Tür mit einigen Panzerplatten vom nahegelegenen Schrottplatz zu verstärken.

Glücklicherweise bin ich mit unserem jungen Revierförster Michael sehr gut befreundet. So bedurfte es nur weniger Erläuterungen, um ihn dazu zu bewegen, in seinem Wald zweieinhalb Hektar krummgewachsener Kiefernstämme für Matti zu reservieren. Michael hatte glücklicherweise *Mehr Finnen? Mehr Finnen!* gelesen und war über Mattis Faible fürs Baumfällen und Holzmachen ausreichend informiert. Ich selbst hegte die stille Hoffnung, durch die vorgesehene Baumfäll-Aktion die überschäumende Betriebsamkeit des lieben Matti in einigermaßen geordnete Bahnen zu lenken. Ich fand diese Taktik außerordentlich schlau, obgleich meine Angetraute zweifelnd ihr Haupt schüttelte.

Es gab noch eine Fülle zusätzlicher Vorkehrungen. Sie alle hier aufzulisten, würde den Raum für weitere Kapitel unverhältnismäßig beschneiden. Aber ich denke, die bisher beschriebenen Unternehmungen sind völlig hinreichend, um das Ausmaß der unvermeidlichen Vorsorge zu verdeutlichen.

Ein besonderer Aspekt faszinierte mich schon im Vorfeld von Päivis und Mattis Reise nach und durch Deutschland: Welche unerwarteten und hochdramatischen Situationen würden sich wohl aus dem Aufeinandertreffen finnischer, insbesondere Matti-spezifischer Sitten und Gebräuche mit den teils doch recht urigen Gewohnheiten und Eigenheiten meiner lieben Landsleute ergeben? Nicht ohne Grund steht (oder richtiger, hängt) mir die Heringsflosse meiner Bankbajuwaren in Travemünde nach wie vor deutlich vor Augen. Auch die vielfältigen Erlebnisse mit Matti in Finnland waren und sind mir ja noch in lebhafter Erinnerung; nicht wenige Nächte habe ich sie in meinen mehr oder weniger erquickenden Träumen wieder und wieder durchlebt ... Und bin morgens mit Lachtränen in den Augen erwacht.

Das also war der Hintergrund meiner Anwesenheit am Hafendamm von Travemünde. Meine damalige Gemütslage mit ›erwartungsvoll‹ oder ›aufgeregt‹ zu beschreiben, wäre leicht untertrieben. Nein, ich fühlte mich beschwingt und kribbelig und fieberte der Ankunft des Riesendampfers aus dem hohen Norden entgegen. Vereinbart war, dass bei Einfahrt in den Hafen Päivi und Matti sich vom Deck aus, an der Reling stehend, durch Schwenken eines roten Halstuchs bemerkbar machen sollten – wie das eben viele dort tun.

Bislang allerdings war von dem Kahn nichts zu erblicken, und so widmete ich mich weiterhin den Touristen, die die Hafenstraße betulich entlang flanierten. Unterschiedlichste Nationalitäten gab es da, gelegentlich schnappte ich neben den überwiegend deutschen Lauten auch vollmundig gesungene holländische, durch die Nase gesprochene schwedische und zungengerollte finnische Brocken auf. Ich gab mich diesem melodiösen Sprachenkonzert mit Genuss hin und schwelgte in Vorfreude auf Mattis speziell gepflegtes Deutsch.

Es ist ja bis zum heutigen Tag so, dass er partout darauf besteht, so zu reden, wie er es für angebracht hält – sehr zum Ärger von Päivi, die ausgezeichnet und grammatikalisch völlig einwandfrei Deutsch spricht und genau weiß, dass Freund Matti diese Kunst ebenso beherrscht ... Wie ich in meinen anderen Büchern schon dargelegt habe, besteht Matti jedoch vehement darauf, sein spezifisches Deutsch sei in meinen Texten exakt so wiederzugeben, wie er es äußert. Er hat mir ernsteste Konsequenzen angedroht, sollte ich diesem Befehl nicht nachkommen.

Der Nachmittag verstrich, es wurde Abend, die Zeit der Ankunft rückte heran. Verschiedentlich hatten schon einige ›Pötte‹ den kleinen Hafen verlassen, mit eifrig Lebewohl winkenden Passagieren auf den Außendecks. Es war eine faszinierende Atmosphäre, wie überall, wenn Schiffe ein- oder auslaufen, stählerne Kolosse, die im Hafenbecken riesenhaft und dann auf den weiten Wassern des Meeres klein und fast verloren wirken. Ach ja, eine regelrecht sentimentale Stimmung konnte einen da erfassen. Wie gern wäre ich jetzt auch an Bord einer der Fähren gewesen, mit Ziel Norden. In Gedanken versunken wanderte ich den Kai entlang Richtung Mole. Und siehe da: In der Ferne stieg aus zwei Schornsteinen Rauch zum Himmel, und schon bald erkannte ich die Umrisse des Dampfers. Päivi und Matti kamen!

2

Es war ein faszinierendes Bild, zu sehen, wie das Schiff in den Hafen einlief: erst in der Ferne spielzeugartig winzig, beim Näherkommen anwachsend zu beeindruckender Größe. »S‘ isch scho arg groass, des Schiff, gelledse?«, hörte ich im besten Schwäbisch neben mir. Es gab demnach nicht nur bayrische Vertreter Süddeutschlands im Travemünder Hafen ... Und er hatte ja recht, der stämmige Schwabe an meiner Seite. Wie ein riesiges Haus glitt die Fähre in die schmale Hafeneinfahrt hinein. Ich beschleunigte meinen Gang beim Versuch, mit der ›Finnmaid‹ Schritt zu halten. Zwar war mit Matti und Päivi abgemacht, im Passagierterminal zu warten, falls sie vor mir dort ankommen sollten, aber zumindest den Versuch wollte ich unternehmen, rechtzeitig dort zu sein. Ich lief und lief, rannte diesen und jenen über den Haufen und ›küsste‹ mehr als einen Laternenpfahl, weil ich meine Augen beharrlich Richtung Schiff gerichtet hielt, trotz multipler Beulen auf meiner Denkerstirn als Folge der unsanften Begegnung mit den erwähnten Hindernissen.

Kein rotes Tuch! Standen die beiden etwa auf der gegenüberliegenden Seite an der Reling? Kaum vorstellbar, weil Päivi dabei war ... Matti, na ja, der könnte so was bringen, aber Päivi?

Doch jetzt, was ist da los? Unruhe bei den Menschen, die in Trauben an der Reling stehen. Gibt es etwa einen Unfall? Aufruhr? Meuterei?

Alles wuselt durcheinander, man hört unverständliche Rufe, empörtes Gezeter, weil irgendwer sich durch die Passagiere drängt, einen nach dem anderen zur Seite schiebt. Was geschieht da?

Mich ergriff Panik. Stand der Untergang des Dampfers bevor, so kurz vor dem Anlegemanöver?

Oben auf Deck leuchtete jetzt etwas Weißes, Großes, Größeres, noch Größeres, Riesenhaftes: ein Tuch im Format eines Lakens für etwa zwei Doppelbetten. Es wurde entfaltet, wurde an der Bordseite heruntergelassen. In den Kabinen ein Deck tiefer musste es stockdunkel sein, denn dieses riesenhaft Weiße hing so tief, dass es die Fenster dort verhüllte. Und was las ich, in großen aufgemalten Buchstaben auf eben diesem Monsterbetttuch?

»Täällä me ollaan!« und drunter auf Deutsch: »Hier sind wir! Matti und Päivi!« Ganz unten rechts war ein kleines rotes Tuch befestigt! Dreimal, erforderlichenfalls auch häufiger, dürfen Sie raten, wer von den beiden, Päivi oder Matti, diese Sätze geschrieben hatte.

Es sei schon an dieser Stelle offenbart, was ich wenig später von Päivi erfuhr: Matti hatte bereits kurz nach Verlassen des Hafens in Helsinki Verhandlungen mit dem Zahlmeister an der Schiffsrezeption aufgenommen. Außerdem mit einem der Bordtechniker. Und mit dem Kapitän. Mit dem Rezeptionisten kämpfte er darum, vier alte Bettlaken zu erhalten, gewaschen, aber leicht »hinüber«, wie er sich laut Päivi dabei ausdrückte. Ließ sich nicht abwimmeln, der Bursche, obgleich der Mann mehrfach finnisch-freundlich ablehnte: »Ei missään tapauksessa!« Was soviel heißt wie: »Keinesfalls!« Aber Mattis Dickköpfigkeit hatte, wie so oft, dann doch Erfolg – was er mit breitem, triumphierendem Grinsen vermerkte.

Den Techniker löcherte er so lange, bis der einen dicken Pinsel und schwarze Farbe rausrückte. Woraufhin Matti seine mit groben Stichen zusammengenähten Laken (auch das hatte er mit treuherzigem Augenaufschlag bei einer der Mitarbeiterinnen an Bord erreicht) auf dem Boden der Lobby auf Deck 8 ausbreitete und in aller Gemütsruhe seine Schriftzeichen applizierte. Zwei von ihm engagierte mitreisende Senioren wurden beiderseits der ›Malfläche‹ in Sesseln platziert und wachten altersgiftig darüber, dass niemand über die Stoffbahnen marschierte. Zum Dank erhielten sie von ihm anschließend in der Bar zwei Eierlikör ...

An einem indessen scheiterte Matti: Der Kapitän weigerte sich standhaft, bei der Einfahrt in Travemünde die Nebelhörner auf Dauerton zu stellen. Er bekäme sonst Schwierigkeiten mit dem Lotsen, gab er zur Begründung an. Auch durch Mattis Argumentation, dies sei eine einmalige Gelegenheit, den Hafenanwohnern und Besuchern seine und Päivis Ankunft anzukündigen, schließlich besuchten sie erstmalig Deutschland, in der Absicht, als Botschafter ihres Landes Bildung und Kultur nach hier zu bringen, ließ er sich nicht umstimmen. Diese Niederlage nagte intensiv an Mattis Selbstbewusstsein, allerdings (leider) ohne nennenswerten dauerhaften Erfolg. Wenigstens aber führte die Schlappe dazu, dass Matti fast die gesamte Fahrt von Travemünde bis zu uns nach Hause erbittert meckerte, wie man nur so eisenköpfig sein könne. Die einzige plausible Erklärung schien ihm, dass der Kapitän Schwede sei ...

Als ich Päivis und Mattis ›Informationstafel‹ an der Steuerbordseite der ›Finnmaid‹ erblickte, war ich wirklich erleichtert. Zum einen, weil sie demnach tatsächlich auf dem Schiff waren, zum anderen, weil ich rein zufällig in meinem Rucksack ein Bettlaken dabei hatte, auf das ich zu Hause in stundenlanger Arbeit mittels diverser Textilfarben die finnischen Begrüßungsworte »Tervetuloa, Päivi ja Matti!« gemalt hatte. Mein liebliches Eheweib, Finnin von Beruf, hatte mich zwar süffisant aufgefordert, das Ganze doch besser mittels Kreuzstich aufzusticken.

Sie konnte mit dieser ungehörigen Bemerkung meinen Elan jedoch nicht bremsen. Und so kramte ich denn nun am Kai von Travemünde in Sekundenschnelle mein Stoffposter hervor. Mit Hilfe eines freundlichen Passanten, der den gegenüberliegenden Zipfel festhielt, gelang dann auch unschwer die Präsentation.

Die Begrüßungszeremonie im Empfangsgebäude am Skandinavienkai, kurze Zeit später, kann ich in aller Kürze abhandeln. Päivi zog einen überdimensionalen Koffer hinter sich her, auf dem sie mittels eines Spanngurtes einen zweiten gleicher Größenordnung (wie sich herausstellte, den von Matti) festgezurrt hatte. Zudem hingen ihr eine Reisetasche von der linken, eine Sport- sowie ihre Handtasche von der rechten Schulter. Da zählte der fahrbare Kleidersack, den sie schnaufend vor sich herschob (mit einer Hand!) fast gar nicht mehr. Neben ihr tänzelte leichtfüßig wie ein alter Braunbär Matti, der unablässig auf sie einsprach (ich hörte beim Näherkommen, dass er sich erkundigte, warum sie so schwer atme). Sobald er meiner angesichtig wurde, schien sein Schritt schwerer, mühseliger, ja, schleppend zu werden. Tief gebeugt drehte er mir sein Profil zu, um auf das monströse Begrüßungs-Leintuch hinzuweisen, das er (wohlgemerkt als einziges Reiseutensil) auf dem Rücken trug.

Nun, ich muss gestehen, die Gepäckansammlung hatte auch ihr Gutes: Die durcheinander quirlenden deutschen Passagiere, mit unnachahmlicher Neigung zum teilweisen selbst- und fremdmörderischen Schubsen, Stoßen und Rempeln, um nur ja noch rechtzeitig ihren erst in einer Stunde startenden Omnibus zu erreichen, hatten deutliche Probleme, an Päivi vorbeizukommen. Zumal Matti sich ihnen mit wirklich bewundernswertem Mut und augenrollend entgegenstellte. So bekam ich etwas Freiraum, um Päivi von diversen Gepäckstücken zu erlösen.

Wir gingen anschließend nach draußen. Massiver Regen hatte eingesetzt, es goss wie aus Kübeln. Das erhöhte den Spaßfaktor beim Einladen des Gepäcks erheblich ... Matti huschte schnell wie ein Wiesel auf den Beifahrersitz, das Betttuch hatte er noch rasch auf Päivis Kofferberg geworfen. Päivi selbst zögerte ins Auto zu steigen, wurde von mir aber höflich auf die Rückbank komplimentiert (soll heißen, ich öffnete rasch die hintere Autotür und schubste sie in fieberhafter Eile hinein). Koffer, Taschen und Tücher verstaute ich Hals über Kopf hinter der Heckklappe, indem ich sie, hurtig, hurtig, in den Laderaum stopfte. Die Tür knallte ich erbarmungslos zu.

Trotz meiner Hast war ich beim Einsteigen durchnässt bis auf die Haut, meine wenigen Haare klebten mir am Kopf, aus meinen Schuhen lief das Wasser.

Matti, strohtrocken, begutachtete mich kritisch und meinte dann, er hoffe, die Polizei werde keine Kontrolle durchführen, ich sähe wie ein entsprungener Zuchthäusler aus. Zu meiner Genugtuung gab ihm daraufhin Päivi vom Rücksitz aus eine kräftige Kopfnuss.

Es ist kein Vergnügen, in finsterer Nacht bei strömendem Regen Auto zu fahren. Erschwerend kamen die Lastwagen dazu, gefühlte Tausende an der Zahl, die am Abend wieder losfahren durften. Und dann noch auf dem Beifahrersitz Matti. Matti, der im Gegensatz zur erschöpften Päivi im Fond, die in einen sanften Schlummer gesunken war, putzmunter und aufgekratzt unter Beweis stellen musste, wie hochbegabt er hinsichtlich der Bedienung von Knöpfchen und Tästlein ist. Und dieser Dinge gibt es bekanntermaßen in modernen Autos nicht gerade wenig.

Anfänglich beschränkten sich seine diesbezüglichen Aktivitäten auf das Radio. Auch wenn er dabei die Lautstärke einige Male auf ›full power‹ stellte, so dass Päivi hinten erschreckt hochfuhr, richteten seine Bemühungen keinen größeren Schaden an. Außer, dass anschließend sämtliche gespeicherten Sender gelöscht waren. Und die hinteren Lautsprecher partout keinen Pieps mehr von sich gaben. Und der Sendersuchlauf aus unerfindlichen Gründen pausen- und erfolglos nach ›Marrakesch Radio‹ suchte. Und schließlich im Display die Aufforderung erschien, endlich die Finger vom Gerät zu lassen (na ja, nicht wirklich). Am Ende gab Matti es auf, brummte: »Schlechtes Qualität, kein finnisches Radio!« und wendete sich dem Navi zu. Obwohl ich Schreckliches ahnte, ließ ich ihn gewähren, weil er so wenigstens gelegentlich mal die Klappe hielt. Denn Matti ist leider durchaus kein typisches Beispiel für die angeblich so mundfaulen Finnen! Die, die ihn schon aus früheren Berichten kennen, wissen das.

Das Navi bot noch deutlich mehr Möglichkeiten der Fehlbedienung, und mein lieber Matti nutzte sie. Jegliche! Ich hatte vorher keine Ahnung, was sich an diesem Gerät alles einstellen lässt, vor allem falsch. Ich dankte mehrfach dem lieben Gott, dass meine Kenntnis der Fahrtroute von Travemünde nach Hause nach fast vierzig Jahren der allsommerlich wiederkehrenden Reise nach und von Finnland umfassend ist. Ich kenne so ungefähr jede Kurve und weiß schon zwei Kilometer vor der nächsten Kreuzung, auf welche Spur ich wechseln muss. Ich bitte, mir zu glauben: Lediglich diese detaillierten geografischen Kenntnisse verhinderten, dass wir in Land‘s End in Cornwall landeten. Ich bin mir absolut sicher, dass nach Mattis Eingaben die freundliche Dame im Navi uns sonst dorthin gelotst hätte! Päivi stimmt mir da übrigens zu.

Zu meinem Bedauern gibt es in meinem Fahrzeug noch einige Knöpfe mehr. Matti dagegen, es sei hier geklagt, fand das in keiner Weise betrüblich. Mit Begeisterung schaltete er die

Sitzheizung an. Und erst wieder aus, als es verdächtig nach Toast zu riechen begann. Die Erklärung: Es waren nicht unsere Kehrseiten, die da gebraten wurden, sondern einige Scheiben Weißbrot, die er als eiserne Ration in seine Gesäßtaschen gesteckt hatte, und die jetzt, leicht angeröstet und in jammervoll zerbröseltem Zustand, den Beifahrersitz zierten. Wie und warum mein stets hungriger finnischer Freund auf die Idee gekommen war, die Brotschnitten ausgerechnet in den hinteren Taschen seiner Hose zu verstauen: Es war und ist mir rätselhaft. Und wer das für geschwindelt hält, kennt eben Matti noch nicht!

Ich möchte als Autor dieser Reiseberichterstattung nicht langweilen. Daher nur noch kurz die Beschreibung weiterer Folgen von Mattis Betriebsamkeit: Ab Hannover fuhren wir mit strahlender Innenbeleuchtung – sie ließ sich nicht mehr ausschalten, weder hinten noch vorne, weder im Fußraum noch im Handschuhfach. Nun gut, wir gewöhnten uns daran. Deutlich unangenehmer fand ich, dass das Heizungsgebläse intervallmäßig für orkanartige Böen sorgte, mal eisig kalt, anscheinend von nordischen Polarlüften inspiriert, mal mit glühendheißen Luftströmen, ähnlich dem Samum in Nordafrika.

All das focht den lieben Matti in keiner Weise an. Munter plauderte er von der Fahrt mit der 'Finnmaid', der gemütlichen Außenkabine (Mattis Kommentar: »Als wir aus Kabine gingen in Travemünde, funktionierte TV nicht mehr. Nur Schnee! Sehr komisch, jetzt mitten in Sommer, ho, ho, ho!«) und dem Essen an Bord. Verärgert hatte ihn, dass es Passagiere gegeben habe, die »haben gegessen verkehrt herum!« Als ich ihn daraufhin verständnislos ansah, schaute er mindestens so erstaunt zurück. »Was ist? Weißt du nicht? Oh, muss ich erklären?« Dabei schüttelte er ob meiner Begriffsstutzigkeit ungläubig den Kopf.

»Haben gegessen verkehrt herum! Erst Nachtisch, dann Fleisch oder Fisch, dann Suppe!« Ja natürlich! Das meinte er! Es gibt eben Leute, die das so machen, weil sie befürchten, von dem leckeren und sehr begehrten Dessert nichts mehr zu bekommen, wenn sie sich an die ›korrekte‹ Reihenfolge halten. Dazu muss man wissen, dass die Mahlzeiten an Bord der Fähren in Form des Büffets zur Selbstbedienung gereicht werden.

Es gab zahlreiche weitere Themen, über die Matti eine Meinung hatte, die er dann, wie stets, auch kundtat. Wobei, wie schon kurz erwähnt, die ›Nebelhorngeschichte‹ immer wieder einen zentralen Stellenwert einnahm. Päivi im Hintergrund, eingezwängt zwischen unzähligen unförmigen Gepäckstücken, forderte ihn zwar mehrfach auf, einfach mal still zu sein und den Fahrer – also mich – nicht weiter zu stören. Aber ihre Worte verschwanden im Dunst von Mattis wabernden Plapperschwaden.

Längst hatte ich mich duldsam dazu entschlossen, Mattis Darlegungen nicht zu kommentieren. Mein lieber Freund war inzwischen beim Thema ›Gebrauchsanweisung für Autobahnfahrten in Deutschland‹ angelangt. Obgleich es sowas meines Wissens nach nicht gibt, zitierte er eifrig daraus. Beispielsweise sei es, behauptete er, zwingend erforderlich, jeden Lastwagen, der einen anderen im Schneckentempo überholt, umgehend und ohne Zögern mittels energischen Hupens auf diese Unverschämtheit hinzuweisen. Auch sei es vorgeschrieben, alle Pkw-Fahrer, die an uns vorbeizogen, kurz anzublinken, um ihnen klar zu machen, dass sie das zu unterlassen hätten. Diese und ähnliche Hinweise unterstrich Freund Matti eifrig durch die Verwendung mir bis dato völlig unbekannter finnischer Flüche und Schimpfworte – ich lernte auf diese Weise einiges dazu ... Päivi, soweit sie diese Unmutsäußerungen in ihrem Dämmerschlaf mitbekam, reagierte mit nonverbaler Kritik: Es folgte jeweils postwendend eine ihrer routiniert ausgeführten Kopfnüsse. Was Mattis Dickschädel allerdings ungerührt hinnahm.

Wir hatten demnach, wie unschwer nachvollziehbar, eine kurzweilige, höchst amüsante Fahrt.

Glücklicherweise hörte es kurz hinter Kassel zu regnen auf, was das Fahren trotz der kurvenreichen Knüllwald-Strecke angenehmer machte. Matti übermannte nun doch allmählich der Schlaf, und sein irgendwo im mezzoforte angesiedeltes Schnarchen füllte den Raum. Die nach wie vor taghelle Innenraumbeleuchtung schien ihn nicht im mindesten zu stören. Gelegentlich streute er ein Schnappen in die Grundmelodie ein, ähnlich dem Geräusch, das ein Krokodil beim Zuklappen seiner Kiefer verursacht. Meine taktvollen Bemühungen, ihn zu wecken, indem ich den Luftstrom sämtlicher verfügbarer Lüftungsdüsen auf ihn richtete, blieb erfolglos. Wie auch? Hier hatte ich es mit einem passionierten Saunagänger zu tun, dem weder extreme Hitze noch eisige Kälte etwas anhaben konnten.

Päivi war ebenfalls im Tiefschlaf. Unbeeindruckt durch Mattis Konzert ruhte sie sanft, bequem zwischen ihren Taschen eingeklemmt.

Und so fuhr ich gedankenverloren durch die Nacht, an Bord zwei originale und originelle Finnen, der Heimat entgegen, voller Erwartung des Kommenden ...

3

In den frühen Morgenstunden – oder spät in der Nacht, ganz wie man es sehen möchte – kamen wir zu Hause an. Päivi und Matti wachten wie auf Kommando auf, als wir von der Autobahn abbogen; erfreulicherweise war ich als Chauffeur noch einigermaßen munter. Matti riss seine Augen auf, um die Schwärze der Nacht zu durchdringen, und sowohl er als auch Päivi genossen den Anblick: Denn unser Dörfchen liegt in einem tiefen, aber weiten Tal, und der Blick auf die Lichter, als wir von der Höhe hinabfuhren, war wirklich bezaubernd. Als Bewohner von Mittelfinnland kannten die beiden derartige Ansichten nicht, dazu ist ihre Gegend zu wenig bergig und zudem zu dünn besiedelt. Insbesondere Freund Matti ließ begeisterte Bemerkungen hören: »Oh! Ah! Seeeehr schön! Romantisch!« Diese ihm eigene unbefangene Art der Freude versöhnt einen doch oft mit dem etwas rustikalen Umgangston, den er so gerne pflegt; das muss hier auch einmal vermerkt werden.

Ehe ich meine Schlüssel hervorgekramt hatte, öffnete meine treusorgende Ehefrau schon die Eingangstür, schlaftrunken, gleichwohl dynamisch. Bald darauf brachte ich auf Mattis Wunsch hin die Kaffeemaschine zum Blubbern, und der köstliche Duft dieses anregenden Getränks durchzog das Haus. Mattis Begehren sollte niemanden wundern: Die Finnen sind nun mal die eifrigsten Kaffeetrinker weltweit.

Während wir Männer mit Kaffeekochen beschäftigt waren (Mattis selbstgewählte Aufgabe bestand darin, mit halb geschlossenen Augenlidern und ausgeprägter Neigung zum Weggleiten ins süße Land der Träume die korrekte Arbeitsweise der Kaffeemaschine zu beaufsichtigen), begutachteten die beiden

Damen sich aus ebenfalls leicht müdigkeitsverquollenen Augen. Immerhin hatten sie sich seit unserem letzten Finnlandaufenthalt nicht mehr gesehen, und der war fast ein Jahr her. Was konnte im Laufe von nahezu zwölf Monaten nicht alles geschehen?!

Vielleicht ein paar Pfündchen mehr auf den Hüften? Neue Frisur? Hier ein Fältchen, dort ein Fältchen, das es im vergangenen Jahr noch nicht gab? Trug womöglich jetzt jemand eine Brille oder gar Zahnersatz als Zeichen vorrückenden Alters? Über das Ergebnis der wechselseitigen Revision schwiegen sich die beiden Damen allerdings aus.

Wir kippten kurze Zeit später einige Tassen Kaffee hinunter, um besser schlafen zu können und krochen endlich (die Sonne ging soeben auf) in die Betten.

Die Uhr zeigte kurz nach neun am Morgen, als meine zartfühlende Ehefrau mich sanft aus tiefem, traumlosem Schlummer weckte, indem sie mich so in die Rippen stieß, dass ich fast aus dem Bett fiel. Auf meinen, ich muss es gestehen, recht verdrießlichen, ja ärgerlichen Protest hin flüsterte sie: »Hörst du nichts? Was ist das?« Und wahrhaftig ertönte von irgendwoher ein Ratschen, ein Knacken und Knistern, ein Rollen und Rasseln. Dann war es still, doch nicht lange, da ging's erneut los: Rasseln, Rollen, Krachen. Anschließend Stille, wenige Sekunden später erneut von gleichartigen Geräuschen gefolgt. Es war wirklich zum Fürchten.

Ich raffte mich auf, nahm all' meinen Mut zusammen und schickte mein geliebtes Eheweib mit dem fürsorglichen Rat auf Kontrollgang, vorsichtig zu sein, falls Einbrecher im Haus seien. Ich selbst blieb in unserem Schlafzimmer, in atemloser Spannung, jederzeit bereit, nötigenfalls einzugreifen. Kurze Zeit später erschien meine bewunderungswürdige bessere Hälfte wieder.

Um ihre Lippen spielte ein höchst amüsiertes Lächeln. Sie äußerte lediglich ein Wort: »Matti!«

Das erstaunte mich sehr. Was hatte mein Freund mit der erwähnten Unruhe zu tun? Ich schlüpfte in meinen Morgenmantel, um der Sache auf den Grund zu gehen. In der Tat nahm der eigenartige Lärm an Intensität zu, je mehr ich mich dem Keller näherte. Mir schwante allmählich, was los war, und alsbald hatte ich die Gewissheit: Unser lieber Freund hatte die Rollläden vor den Fenstern unseres Gästezimmers entdeckt.

Nun werden vermutlich die meisten deutschen Leserinnen und Leser sagen: »Na und?« Ach, ach, meine lieben Unschuldslämmer! Es ist mir klar, Sie kennen ausnahmslos alle diese Einrichtung. Zumindest in den Wohngebäuden Mitteldeutschlands sind derartige Verdunkelungsjalousien ja sehr verbreitet. Nicht so in Finnland! Dort sind Roll- und Klappläden weitgehend unbekannt. Demnach stellten sie auch für Freund Matti ein fremdartiges, nichtsdestoweniger jedoch unterhaltsames technisches Phänomen dar.

Was Matti ganz offensichtlich an diesen Rollos faszinierte, war: Man kann die Dinger hochziehen! Und wieder runterlassen! Und dabei rasselt es so schön! Jeder, der in mitteldeutschen Wohngebieten lebt, kennt diesen Vorgang: Die Abenddämmerung setzt ein, die Sonne beginnt, sich hinter den Wäldern und Hügeln zu verstecken, scheu und verstohlen. Und los geht's: »Ratsch – Ratsch – Ratsch!«

Es ist bestimmt unschwer vorstellbar, wohin die Entdeckung dieser »wunderseltsamkomischen Sache« (denn als solche bezeichnete Matti die Jalousie) führte: Rauf zogen sich die Läden, runter fuhren sie mit Lärmen, rauf rollten sie, runter gingen sie, rauf ... Sie waren ganz eindeutig für Matti das Highlight des Tages und wurden von diesem Zeitpunkt an – zumindest für diesen ersten Tag – sein Lieblingsspielzeug: Schon ab dem frühen Abend, es war etwa 19 Uhr, stand er neben den Fenstern, bereit, in den ›Ratsch-Ratsch-Ratsch-Wettstreit‹ mit unseren Nachbarn einzutreten. Genießerisch ließ er den Zuggurt durch seine Hände gleiten, und bei der leisesten Andeutung, in den umliegenden Häusern würden bald die Rollläden herunter rasseln, spiegelten sich Hochspannung und gleichzeitig Vorfreude auf seinen Gesichtszügen. Die Leidenschaft unseres lieben Freundes für technische Spielereien, die er bereits während der nächtlichen Autofahrt unter Beweis gestellt hatte, machte also auch vor unseren Rollläden nicht Halt.

Doch bleiben wir noch für einen Augenblick in der Chronologie der Ereignisse. Die üblichen, zurückhaltenden Hinweise von Päivi an Matti, er möge dieses Rumgemurkse tunlichst unterlassen, sie und vermutlich auch wir wollten noch schlafen, zeigten keine anhaltende Wirkung. Also erhoben wir uns notgedrungen und bereiteten das Frühstück vor. Meine originalfinnische Ehefrau stellte sich an den Herd und kochte originalfinnischen ›kaurapuuro‹ in einem originalfinnischen Topf. Jawohl, ich wiederhole: in einem originalfinnischen Kochtopf der finnischen Firma Hackman – die allerdings seit einigen Jahren, soweit ich weiß, Italienern gehört … Das jedoch nur nebenbei. In deutsch-finnischen Haushalten werden nämlich stets und ausnahmslos originalfinnische Kochutensilien verwendet. Da bin ich mir absolut sicher!

›Kaurapuuro‹ aber ist Haferbrei und gehört, es sei hier geklagt, so sicher zum finnischen Frühstück wie das »Amen«in der Kirche. Daher wurde zum Begrüßungsfrühstück neben frischen Brötchen auch diese Spezialität gereicht. Plus ›mustikkasoppa‹, zu Deutsch Blaubeer-›Suppe‹. Ebenfalls, wie könnte es anders sein, zubereitet in originalfinnischem Kochtopf. Und aus originalfinnischen Blaubeeren. Wobei ich gestehen muss, dass das Zeug sogar lecker schmeckt.

Wie aber waren wir zu frischen, knusprigen Brötchen gekommen? Hatte ich mich etwa aufgemacht, um dem Bäcker an der Ecke einen Besuch abzustatten? Wer mich und mein morgendliches Leistungsniveau kennt, wird diese Überlegung umgehend als äußerst unwahrscheinlich abtun. Mit Recht!

Nein, Matti hatte kaum sämtliche Rollläden unseres Hauses betätigt, soll heißen, sofern sie nicht schon unten gewesen waren, geschlossen und wieder hochgezogen, als es an der Haustür schellte. Draußen stand Jupp, unser lieber Freund von nebenan, mit bürgerlichem Namen Josef. Frisch rasiert, sauber gekämmt, adrett gekleidet, ein höfliches Lächeln im Gesicht. Und eine Tüte mit Brötchen in der Hand. Er habe aus unseren Vorbereitungen der vergangenen Wochen entnommen, dass unsere Gäste aus Finnland in der Nacht bei uns eingetroffen sein müssten. Außerdem stünde unser Auto draußen, voll beladen mit Gepäckstücken. Überdies habe er, sicherlich könne ich mich daran erinnern, meine Bücher gekauft und auch gelesen (er betonte »und auch gelesen!«) und verspüre nunmehr das dringende Bedürfnis, meinen Freund Matti und dessen Frau Pävi (er sagte wirklich »Pävi«) aus Soomi (er sagte wirklich »Soomi«) kennenzulernen. Er habe für die Finnländer (er sagte wirklich »Finnländer«) Brötchen geholt, »natürlich auch für dich und deine Frau«.

Matti hatte logischerweise sofort gehört, dass von ihm die Rede war und stand plötzlich neben mir an der Tür. Als Jupp ihm zur Begrüßung die Hand hinstreckte, eine für finnische Begriffe eher unübliche Geste, ergriff mein lieber ›Finnländer‹ sie, um sie lebhaft zu schütteln. Was nun allerdings für meinen lieben Jupp zu einem echten Balanceakt wurde, im wahrsten

Sinne des Wortes. Denn Jupp ist eher einer von der schmächtigen Sorte, ein kleines, gazellenhaftes Männlein, etwa 168 cm groß und schmalbrüstig. Schon körpernah geschnittene Hemden Größe S pflegen ihm um die Hüften zu flattern. Matti dagegen hat, wie schon früher beschrieben, eher die Statur eines Braunbären gesetzteren Alters, so einem, bei dem beim Laufen der Bauch den Boden vor den Füßen sauber fegt. Wenn nun ein Braunbär einem zartgliedrigen Füchslein die Pfote schüttelt ... Nun, jeder kann sich bestimmt leicht ausmalen: Jupp geriet ordentlich ins Schlingern und war nach Mattis Begrüßung kräftig durchgerüttelt.

Davon abgesehen verstanden sich die beiden auf Anhieb hervorragend. Jupp titulierte Matti konsequent als »Finnländer«, Matti revanchierte sich adäquat, indem er Jupp beharrlich »Deutschländer« nannte.

Jupp blieb zum Frühstück bei uns, lobte den »exzellenten Haferschleim mit Kirschen« in höchsten Tönen und gewann so nicht nur das Herz von Päivi, sondern auch das meiner Ehegattin. Hatte ich nicht soeben in Bezug auf diesen Schlawiner das Bild vom Füchslein verwendet?

Päivi und Matti griffen eifrig zu, die deutschen Brötchen, verführerisch duftend und knusprig, fanden reißenden Absatz. Wir wussten, dass insbesondere Matti ein Liebhaber von Marmelade ist, obwohl dieser Brotaufstrich aus unerfindlichen Gründen erst in den letzten Jahren in Finnland en vogue geworden ist. Wir hatten in den zurückliegenden Jahren immer wieder mal für ihn mehrere Gläser selbstgekochte Konfitüre mitgebracht, wenn wir zum Urlaub im Sommerhaus eintrudelten; daher kannte er diese Leckerei schon.

So verlief das Frühstück in deutsch-finnischer Harmonie. Jupp genoss sichtlich die Tatsache, dass es ihm als erstem unserer Straßenmitbewohner gelungen war, Päivi und Matti zu begrüßen. Matti führte wie immer das große Wort und nahm Jupp ins Kreuzverhör. Ob Jupp als Deutschländer schon mal in der Sauna gewesen sei? »Nein«, lautete die Antwort. Matti war fassungslos! Ob Jupp als Deutschländer schon mal einen Elch gesehen habe? »Nein«, gab Jupp zu. Matti zog indigniert seine Augenbrauen nach oben. Ob Jupp als Deutschländer schon mal im Winter zum Eisangeln gegangen sei? »Noch nie«, flüsterte Jupp kleinlaut. Er war während Mattis Fragerei zusehends noch kleiner geworden, gerade mal schaute noch sein Kopf über die Tischkante. Matti brach fast zusammen vor Erschütterung und blickte den Unglückswurm mitleidig an ... Ob Jupp als Deutschländer denn wenigstens Eishockey spielen könne? Jupp atmete durch, ehe er »Nein« antwortete, und ich entdeckte, dass seine Äuglein zu funkeln begannen. »Hat Matti sich womöglich ein Eigentor geschossen?«, fuhr mir durch den Kopf. Denn Jupp gewann eindeutig an Körpergröße, schon tauchte sein Schultergürtel oberhalb der Tischplatte auf.

Und just, als Matti sich ob Jupps Antwort völlig konsterniert ans Herz griff und mit dem Ausdruck maßlosen Entsetzens eine schwere Herzattacke erlitt, die in sein sofortiges Ableben münden musste, begann Juppchen zurückzuschießen. Ob Matti als Finnländer denn »wisse« (das war besonders gemein), was ein Fußballspiel sei, erkundigte er sich süffisant. »Ja«, erklang Mattis Stimme voller Überzeugung. Jupp gab noch nicht auf. Ob Matti als Finnländer schon mal Fußball gespielt habe? Matti, ich bemerkte es, wollte frech und dreist mit »Ja« antworten, als sein Blick auf mich fiel. »Njanneuin«, nuschelte er daraufhin. Was Jupp dazu nutzte, um mit einer unnachahmlichen Geste die rechte Hand an seine Ohrmuschel zu legen und mit Triumph in der Stimme nachzufragen: »Bitte? Ich hab' leider nicht verstanden.« Er saß nun kerzengerade auf seinem Stuhl.

Matti bückte sich hastig. »Oh, ist komisch, habe ich falsche Strümpfe an Fuß«, informierte er uns rücksichtsvoll. »Muss ich sofort wechseln gehen!«Und verzog sich in Windeseile nach unten, Richtung Gästezimmer. Scheinbar hatte er in diesem Moment völlig übersehen, dass das Gepäck, und damit auch seine Strümpfe, noch im Auto lag.

Jupp blieb als Siegerlein zurück. Er wartete noch einige Zeit, ob Matti wieder auftauchen würde. Da sein neuer Freund verschwunden blieb, verabschiedete er sich jedoch endlich, nur um anzukündigen, er werde, wenn's erlaubt sei, am Nachmittag wieder vorbeischauen, um weiter mit Matti zu plaudern. Wir, das heißt meine anmutige Ehefrau, die nicht minder bezaubernde Päivi und meine bescheidene Person, nickten gottergeben. Was machte das schon, dann hatten wir eben zwei statt nur einen Chaoten im Haus.

Während meine prächtige Gattin den Frühstückstisch abräumte, luden Päivi und ich das Auto aus und trugen die Gepäckstücke ins Gästezimmer. Matti stand offenkundig unter der Dusche, wir hörten ihn singen. Nicht sehr melodiös, nicht sehr wohlklingend, dafür aber kräftig. Es ließ sich nicht unterscheiden, was er sang: War es die fünfte Symphonie von Beethoven, die finnische Nationalhymne oder der Gefangenenchor aus Nabucco? Augenscheinlich hatte er den ›Disput‹ mit Jupp mühelos verkraftet.

Schon kurze Zeit später erschien er, ansprechend gekleidet, nämlich im geblümten Bademantel aus der Kinderzeit unserer Tochter. Das Gewand reichte knapp über ... nun ja, die fantasiebegabte Leserschaft wird sich denken können, worüber. Gut, dass sowohl Päivi als auch ich Matti so kannten, wie Gott ihn erschaffen hat. Päivi sowieso, als vielgeplagte Ehefrau, ich dagegen aus gemeinsamen Saunabesuchen. Freund Matti störte die spärliche Bekleidung keineswegs, er übersah anfangs geflissentlich die Unterhose, die Päivi geschwind aus einem der Koffer hervorkramte. Bis sie ihm anlässlich eines ›Blitzlichts‹ unmissverständlich zu verstehen gab: »Nyt heti otat alushousut!« Auf Deutsch: »Jetzt nimmst du sofort die Unterhose!«

Unverschämt wie ich bin, blieb ich im Zimmer, als Matti damit begann, seinen Koffer zu leeren. Nicht ohne Grund erwartete ich ein abwechslungsreiches Schauspiel. Und siehe da, meine Vorahnung hatte mich nicht getäuscht. Zum besseren Verständnis hier die Gründe.

Erster Höhepunkt: Mattis Koffer verfügte über ein Zahlenschloss. Als Kombination hatte mein Freund Päivis Geburtsdatum gewählt. So weit, so gut. Doch, »voi perkele!« (finnischer Fluch), hilflos drehte er an den Rädchen, um die korrekte Zahlenfolge einzugeben. Steile Falten erschienen auf seiner Stirn. Dann verschwand er klammheimlich nach oben, kam kurz darauf hocherhobenen Hauptes wieder, machte sich lässig am Kofferschloss zu schaffen und – schwupps! – sprang der Deckel auf.

Soll ich verraten, wie er sich aus der Schlinge gezogen hat? Ganz einfach: Er erschien bei meiner liebenswürdigen Ehefrau in der Küche und erkundigte sich angelegentlich danach, ob sie an Päivis Geburtstag gedacht habe. Und insistierte, sie solle ihm gefälligst das genaue Datum nennen. Was sie auch tat. Sie wunderte sich zwar etwas, weil Päivis Ehrentag überhaupt nicht in die aktuelle Jahreszeit fiel, aber sie kannte Matti nun auch schon lange genug …

Diese Geschichte ist wirklich und wahrhaftig wahr, wie meine bessere Hälfte jederzeit bestätigen kann.

Zweite Glanzleistung: Schon der flüchtige Blick in Mattis Koffer zeigte, dass die Kleidung allenfalls ein Viertel des ›Laderaums‹ beanspruchte. Die restlichen Viertel waren gefüllt mit drei Flaschen pontikka (wie schon früher erwähnt, handelt es sich bei diesem Gesöff um selbstgebrauten Schnaps), einer originalfinnischen Axt zum Holzhacken sowie einer originalfinnischen Bügelsäge zum Kürzen selbigen Materials. Dazu kamen zwei Packungen eingeschweißter originalfinnischer Saunawurst, eine ebenfalls eingeschweißte originalfinnische Rentiersalami, fünf Tuben originalfinnischen süßen Senfs und ein Buch mit dem Titel »Niin Saksalainen elää!«(»So lebt der Deutsche!«). Die Krönung allerdings war ein »Survival-Paket«, bestehend aus einem Holzbecher (auf Finnisch ›kuksa‹ genannt), einem finnischen ›puukko‹ (sehr scharfes Messer mit Birkenholzgriff), einer Schachtel finnischer Streichhölzer, einem Klapplöffel, an den auch eine Gabel gesteckt werden konnte, zwei Angelhaken mit Schnur sowie – ungelogen! – einem Plastikbeutel mit eingeschweißten originalfinnischen Regenwürmern ...

Wie Päivi uns später berichtete, war diese Regenwurm-Notration eine Eigenerfindung ihres vorausdenkenden Ehegatten. Er habe Tage damit zugebracht, die Würmer auszuwählen. Es war beileibe nicht jeder in Mattis Augen geeignet! Fett, kraftstrotzend und mindestens zehn Zentimeter lang müssten sie sein, um in die engere Wahl zu kommen, habe er ihr verkündet.

Dritter Akt des Auspack-Schauspiels: Der Boden des Koffers wurde allmählich sichtbar, auf einem Stuhl lagerten die wenigen Kleidungsstücke, die Matti dabei hatte – vorwiegend Strümpfe, war mein Eindruck. Mein immer umsichtiger, zartfühlender Freund brachte vorsichtig und behutsam einen in weiches Seidenpapier eingeschlagenen Gegenstand ans Tageslicht. »Du weißt nicht!«, meinte er strahlend, und damit hatte er recht.

Päivi, die ihren Gefährten bisher hatte kommentarlos gewähren lassen, wobei allerdings zu bemerken war, dass sie immer mal wieder einen Blick aus ihren Augenwinkeln auf ihn warf, schüttelte entsagungsvoll den Kopf – was Matti ganz eindeutig völlig ungerührt hinnahm. Mit spitzen Fingern begann er das geheimnisvolle Objekt auszupacken, so dass ich den Eindruck erhielt, es handele sich um etwas äußerst Zerbrechliches. Als dann die erste Ecke zu sehen war und mir dämmerte, was da, in mehrere Lagen Seidenpapier verpackt, von ihm angeschleppt worden war, bekam ich einen derartigen Lachanfall, dass ich mich aufs Bett setzen musste. Päivi stand völlig entgeistert daneben, Matti zog eine beleidigte Miene, blickte mir finster ins Gesicht und knurrte: »Pöhköpää!«, zu Deutsch: »Dummkopf!«

Was aber hielt mein ›finnländischer‹ Freund in seinen Händen? Einen originalfinnischen ›yöastia‹. Jetzt wird sich wohl mancher fragen, was hierunter zu verstehen ist. Ei nun, das finnische Wort ›yö‹ bedeutet im Deutschen ›Nacht‹, und ›astia‹ ›Topf‹ ... Da hatte dieser Diplom-Sachverständige auf dem Gebiet kuriosen Verhaltens doch wirklich und wahrhaftig einen Nachttopf mitgeschleppt! Und zwar nicht irgendeinen, sondern den aus seinem und Päivis Sommerhaus, der dort seit mehreren Jahrzehnten in Gebrauch ist. Zu seiner Ehrenrettung sei vermerkt, dass er ihn vor dem Einpacken gründlich gereinigt hatte (was bei Matti nicht unbedingt selbstverständlich erscheint ...).

Nachdem ich mich von meinem Lachkrampf erholt hatte, überließ ich Päivi und Matti ihrem Schicksal und zog mich, immer noch belustigt, ins Wohnzimmer zurück. Dort, im Sessel sitzend, meditierte ich über das Thema ›Kernstücke deutschen und finnischen Seelenlebens‹. Und kam zu dem Schluss, dass es sich dabei um ein unendliches Spektrum von Facetten und Eigenheiten handeln muss, die sich mir niemals vollständig erschließen werden.

So saß ich da, voll heiterer Erwartung kommender Dinge ...

4

Der erste Tag war vorüber. Päivi und Matti fühlten sich, so war unser Eindruck, in ihrem Zimmer recht wohl. Matti hatte seinen Nachttopf unter verdrossenem Gemurmel wieder im Koffer verstaut, nachdem ich ihn hatte davon überzeugen können, dass für dieses Utensil in unserem Haus definitiv keine Notwendigkeit besteht.

Jupp war gegen halb vier am Nachmittag, wie angekündigt, wieder aufgetaucht. In seiner Hand trug er eine dickbauchige Aktentasche. Matti begrüßte ihn gönnerhaft und verkündete ihm tröstend: »Sei nicht traurig, dass du nur etwas weißt von Fußball.« Eishockey sei zwar wesentlich komplizierter und verlange erhebliches geistiges Potential sowie taktisches Denken, Technik und Körperbeherrschung, aber schließlich könne nicht jeder über diese enormen Fähigkeiten verfügen. Glücklicherweise brauche man zum Fußballspielen nur einigermaßen gesunde, kräftige Beine.

Die habe Jupp zwar auch nicht, so dünn und mickrig, wie er aussehe. Das sei jedoch kein Grund zu übertriebenem Kummer. Letztlich seien Jupps Beine im Vergleich zu seinen schmächtigen Armen fast stämmig zu nennen, fügte er noch aufmunternd hinzu.

Ich wunderte mich beim Zuhören ehrlich, dass Matti so viele deutsche Ausdrücke kannte. Allerdings entdeckte ich wenig später in meinem Büro mein finnisch-deutsches Wörterbuch auf dem Schreibtisch: Matti hatte es aus dem Regal gekramt und diverse Begriffe nachgeschlagen. Da wurde mir auch klar, warum er bei seiner Ansprache immer wieder ›unauffällig‹ seine linke Handfläche betrachtete. Der Schelm hatte doch wahrhaftig seinen Vortrag für Jupp stichpunktartig mit Filzstift auf den Handteller geschrieben …

Seine inhaltsschweren Äußerungen unterstrich Freund Matti noch optisch, indem er wohlweislich neben dem Stuhl, auf dem Juppchen hockte, stehenblieb, kerzengerade, mit hocherhobenem Haupt, den durchaus stattlichen Bauch ostentativ vorgestreckt.

Jupp hörte sich Prof. Mattis Vorlesung an und schien nicht sonderlich berührt. Wortlos, gelangweilt und lässig öffnete er den erwähnten Aktenkoffer und zog, noch während Matti redete, einen großen silberglänzenden Fußballpokal hervor. Behutsam stellte er ihn auf den Esstisch, griff erneut in die Tasche und brachte eine nicht weniger imposante goldene Trophäe zum Vorschein, auf deren Deckel ein Metall-Fußballspieler einem Ball nachjagte. Mit stoischer Miene deponierte er das Ding neben dem Silberpokal. Und zum dritten Mal tauchte seine Hand in den Aktenkoffer und zückte einen weiteren Goldkelch, der ebenfalls auf dem Tisch neben den zwei ersten Platz fand.

Anschließend langte er kurz in seine Hosentasche, zog, immer noch ohne ein Wort zu äußern, einen Lutscher hervor, in – ich traute meinen Augen nicht – Form eines Mini-Fußballs. Genüsslich begann er daran zu nuckeln.

Man stelle sich vor: Da saß ein erwachsener Mann in unserem Esszimmer und lutschte einen Fußball-Lolli! Spätestens in diesem Moment begriff ich, dass Jupp und Matti sich wechselseitig an Sturheit – oder nennen wir es Extravaganz – in nichts nachstehen! Augenscheinlich war Jupp in der Mittagszeit ins Vereinsheim unseres örtlichen Fußballclubs marschiert und hatte sich drei der dortigen Pokale ausgeliehen: keine Schwierigkeit für ihn, da er als Kassierer des Vereins den Schlüssel besitzt.

Matti schaute völlig konsterniert von seinem Olymp herab auf die Ansammlung schrecklich schöner Siegeszeichen. Er erkannte augenblicklich die Schmach, die von Jupps Schau fußballerischer Erfolge und seinem frech-demonstrativen Fußballlutscher-Schlecken ausging. Im Zeitlupentempo sank er auf den nächsten Stuhl und brachte kein Wort hervor. Und das will bei ihm wahrlich etwas heißen. Päivi und mein treuherziges Eheweib, gemütlich in ihre Sofaecken gelehnt, grinsten voller Genugtuung; sie gönnten dem lieben Matti diese kleine Demütigung von Herzen.

Jupp griente ebenfalls voller Stolz. Dann streckte er seinen Zeigefinger aus und piekste seinen neuen Freund in die Rippen, als Zeichen der Versöhnung. Und um dieses Angebot zu unterstreichen, griff er erneut in seine Hosentasche und präsentierte Matti und allen weiteren Anwesenden mit unnachahmlicher Nonchalance seine Fußballlutscher.

Wenig später saßen er und der ›Finnländer‹ einträchtig wie die Lausbuben auf unserer Terrasse, schleckten ihre Lollis und schmiedeten Pläne, wie sie gemeinsam die Welt retten, mindestens aber mal die internationale Sportszene bereichern könnten. Gelegentlich konnte ich Bruchstücke ihrer Unterhaltung aufschnappen; hauptsächlich drehte sie sich um die Entwicklung einer neuen Sportart mit Namen ›Eishockeyfußball‹. Soweit ich verstand, handelte es sich um eine völlig neue Freizeitbeschäftigung, die beide Disziplinen integrieren sollte. Das für meinen zugegebenermaßen bescheidenen Geist unlösbare Problem, mit Schlittschuhen einen Fußball zu kicken, bereitete den zwei Genies keinerlei Bedenken. Auf meine diesbezügliche Frage antworteten sie unisono, gerade das sei ja die Kunst und das Neuartige.

Während demnach unsere beiden Vordenker in ihre Entwicklungsplanungen vertieft waren, deckten Päivi, meine wackere Gemahlin und ich den Kaffeetisch im Freien, denn das Wetter war wunderbar, warm und sonnig. Wir genossen unser Zusammensein und die nachmittägliche Ruhe.

Ruhe? RUHE? Kaum hatten wir am Tisch Platz genommen, kaum dampfte der Kaffee in den Tassen, kaum hatte ich den leckeren Erdbeerkuchen aufgetragen und verteilt (Matti und Jupp genehmigten sich stante pede zwei Stück), kaum den ersten Bissen im Mund, da ging es los: Frau Haumann nebenan, deutlich über sechzig, schwerhörig, um nicht zu sagen halb taub, sonst aber noch gut beieinander und an allem und jedem interessiert, was in ihrer Umgebung passiert, warf ihren Rasenmäher an!

Jedoch, dieses Gerät ist kein Rasenmäher in herkömmlichem Sinn! Mitnichten, oh Nein, keinesfalls! Es ist eine Fehlzündungsexplosionsmaschine! Ein ohrenbetäubend krachender Feuerstuhl! Ein Lärmmultiplikator allererster Kategorie!

Nur zur Verdeutlichung sei erwähnt: Einer unserer guten Freunde wohnt mit seiner Familie in der Einflugschneise des nächstgelegenen internationalen Flughafens, und wir flüchten des Öfteren zur Erholung zu ihm, sobald der Haumannsche Grasschneidemordapparat zu knattern anfängt. Ganz abgesehen vom schwarz-blauen Abgasqualm, der sämtliche umliegenden Landstriche durchzieht, den Giftgaswolken einer Nebelmaschine gleich, benutzt Elfriede Haumann den Vorgang des ›Rasenmähens‹, um sich, ihrer Meinung nach unmerklich, mit seitwärts gewendetem Kopf über all das zu informieren, was bei uns vor sich geht. Auf Grund dessen standen ihr auch schon mehrfach ihre Bäume und Büsche im Weg; soll heißen, sie donnerte mit ihrem Knatterkasten ungebremst dagegen.

Sehr beliebt ist bei ihr auch der Trick, Rasen und Beete von

Unkraut zu befreien. Gleichgültig ob da etwas Derartiges wächst. Denn in dieser gebückten Körperhaltung kann man schön ›diskret‹ unter der Achsel hindurch kiebitzen, was die Nachbarn so treiben. Und selbstverständlich dröhnt der Rasenmäher derweil munter im Leerlauf weiter ...

Während wir also unser Gespräch lautstärkemäßig den vom Haumannschen Gartengrundstück herüberschallenden Phonzahlen anpassten, was bedeutete, dass wir uns bei höflichen Fragen wie: »Möchtest du noch etwas Kaffee? Etwas KAFFEE??!!« oder »Noch ein Stück Kuchen? Kuchen??!! Willst du noch KUCHEN!!??« heiser schrien, haderte ich mit mir selbst. Denn ich hätte es wissen müssen, immerhin war das Gras in Elfriedchens Garten seit vorgestern (da hatte sie ebenfalls gemäht) erheblich gewachsen. Meiner Einschätzung nach mindestens um unglaubliche zwei Millimeter.

Doch mit der Haumannschen Geräuschkulisse nicht genug. Das Poltern und Rattern sowie die Böllerschüsse ihres scheppernden Mähmaschinenungetüms waren, wie so oft in der Vergangenheit, lediglich der Auftakt zu einem sehens- und hörenswerten Großspektakel: Nachbar Schmiegelkopf auf der gegenüberliegenden Straßenseite fand es an der Zeit, sein Brennholz für den kommenden Winter auf passende Kaminofenlänge zu kürzen; selbstverständlich per Motorsäge. Und Cornelius Buxenhammer rechts neben uns fand den Zeitpunkt exakt passend, um seinen wahrhaft bestechend geräuschvollen Laubbläser auszuprobieren. Wobei ergänzend erwähnt werden muss, dass der einzige Baum auf seinem Grundstück ein zwei Meter hohes Viertelstamm-Apfelbäumchen im Vorgarten ist.

Päivi blickte uns ob dieser Geräuschkulisse leicht irritiert an, Matti dagegen zeigte unverhohlen Gefallen an dem lautstarken Tohuwabohu. Ich hielt mir demonstrativ kurz die Ohren zu, nahm dann meinen Kuchenteller und bedeutete den anderen, mit ins Haus zu kommen. Bei geschlossenen Fenstern ließ es sich im Wohnzimmer einigermaßen aushalten. Matti nutzte die Gelegenheit, genießerisch die Rollläden herabzulassen, schien allerdings etwas enttäuscht, weil deren Gerassel im anderen Lärm unterging. Immerhin isolierten die Läden zusätzlich gegenüber dem Aufruhr draußen, auch wenn es trotz herrlichstem Sommerwetter nun in unserer Wohnung stockfinster war und wir die Zimmerbeleuchtung einschalten mussten.

Jupp erzählte, er habe vor Jahren auf dem Flohmarkt eine alte handbetriebene Fliegeralarmsirene erworben und bot an, sie zu holen, um sich an unserem Wohnstraßen-Konzert zu beteiligen. Ich lehnte das rundweg ab, Matti dagegen, wie konnte es anders sein, plädierte für den Einsatz. Gott sei Dank konnte ich mich durchsetzen, unterstützt von den beiden weiblichen Mitgliedern der Tafelrunde.

Nachdem der Lärmpegel durch den Aufenthalt innerhalb unserer vier Wände auf ein erträgliches Maß gesenkt war, fanden Päivi und Matti das Ganze sogar amüsant. Wie sich herausstellte, waren sie der Überzeugung, der Rummel sei eine Ausnahme, so eine Art Begrüßungskonzert für sie. Die arglosen, gutgläubigen Gemüter! Es war eben das erste Mal, dass sie mit deutschen Gartenpflegetraditionen in Berührung kamen. Wer als Neuankömmling in Deutschland hat schon eine Vorstellung davon, was hierzulande unter einem gepflegten Garten verstanden wird?

Es schien mir daher höchste Zeit, unsere finnischen Gäste diesbezüglich aufzuklären. Auch auf die Gefahr hin, von ihnen als neckischer Spaßvogel angesehen zu werden, startete ich meine Einführung ins Thema ›gesittete Gartenpflege nach hiesiger Art‹:

Ich begann mit den Verhaltensregeln für warmes, sonniges Wetter an Samstagnachmittagen. Das sei, erklärte ich, grundsätzlich kein Grund auszuspannen! Gleiches gelte für die Zeit nach 17 oder 18 Uhr an jedem beliebigen Werktag, wenn man von der aufreibenden Tätigkeit im Büro nach Hause gekommen sei und den geliebten fahrbaren Untersatz in der Garage verstaut habe! Niemals, erläuterte ich meinen staunenden ›Finnländern‹, dürfe man dann den Liegestuhl nach der Sonne ausrichten und darin die lauschigen Stunden des nahenden Abends genießen. Erst müsse der Rasen vertikutiert und gemäht, müssten die Kanten zu den Blumenbeeten mittels Motortrimmer exakt, möglichst unter Zuhilfenahme einer Schablone, beschnitten, müsse die Hecke mit Hilfe einer (wohlweislich maschinell betriebenen) Heckenschere fachgerecht gestutzt, danach der Schnittabfall zusammengekehrt und im elektrischen Häcksler zermahlen werden! Denn: Ordnung muss sein!

Päivi und Matti lauschten meinen Darlegungen ungläubig, mit offenstehenden Mündern. Liebe Päivi, hochgeschätzter Matti, schaut nicht so zweifelnd! Es ist so!

Und ganz selbstverständlich besitzt jeder seinen eigenen Rasenmäher, seinen eigenen Trimmer und seinen eigenen Häcksler, seinen eigenen Laubbläser und seine eigene Heckenschere. Wo kämen wir denn sonst hin?

Die erwähnte Auflistung der mittels Motor betriebenen Gerätschaften, von meiner Seite eigentlich als Abschreckung gedacht, löste allerdings – ebenso wie, ich erwähnte es bereits, der draußen noch anhaltende Krach – bei Freund Matti Begeisterung aus. Ich Kurzgedankendenker hatte natürlich unter dem Eindruck des aktuellen Radaus völlig sein Faible für Maschinen vergessen. Dabei hatte ich die gestapelten Ketten- und Kreissägen, benzingetriebenen Motorsensen, den Diesel-Generator, die Schneefräse, die Holzspaltgeräte, Bootsmotoren sowie weiteren Apparaturen zur Lärmerzeugung im ›liiteri‹ (zu Deutsch: Schuppen) seines Sommerhauses in Finnland doch im vergangenen Sommer mit eigenen Augen gesehen. Während mehrerer Wochen war ich damals nächtens aus Alpträumen aufgewacht, schweißgebadet, noch mit dem Getöse und Gedröhn, dem Knattern und Rattern, dem Tuckern und Rasseln der im Traum erschienenen Maschinerie im Ohr.

Als Folge von Mattis offen gezeigter Technikschwärmerei brachte Jupp in den folgenden eineinhalb Stunden noch einige Male seine Handsirene ins Gespräch. Nur unter Aufbieten meiner gesamten Autorität und unter Androhen ungezügelter körperlicher Gewalt durch Päivi und meine schneidige Ehefrau waren die beiden Chaosfreaks davon abzuhalten, dem Wunsch die Tat folgen zu lassen.

Nun, Jupp verabschiedete sich gegen 18 Uhr, die Rollläden waren zwischenzeitlich wieder hochgezogen worden. Elfriedchen hatte einige Zeit nach unserem Rückzug den Mäher weggeräumt, mangels tauglicher Objekte für ihre Neugierde. Daraufhin verstummten bald auch die Maschinen unserer verehrten, bienenfleißigen Nachbarn Cornelius Buxenhammer und Wolfdieter Schmiegelkopf.

Beim Abschied nahm Jupp mich rasch beiseite. Er habe sich überlegt, Matti für morgen Abend zum Stammtisch im 'Fröhlichen Ochsen' einzuladen. Seine Stammtischbrüder würden sich bestimmt über einen finnländischen Gast freuen. Ich könne ja ebenfalls mitkommen. Was ich davon hielte?

Die Idee war, fand ich, nicht schlecht. Letzten Endes waren Päivi und Matti nach Deutschland gekommen, um, wie es so schön heißt, Land und Leute kennenzulernen. Und gehörten Stammtische sowie die dort geführten allgemeinbildenden Gespräche nicht zur urdeutschen Kultur? Zudem war der 'Fröhliche Ochse' für sich schon eine Attraktion! Ich war allerdings nur ein einziges Mal dort gewesen, doch hatte sich mir mein damaliger Besuch unvergesslich eingeprägt. In der Hauptsache war mir das fetttriefende Schweineschnitzel erinnerlich, das ich erhielt: Es hatte eindeutig einige Stunden zuviel in der Fritteuse zugebracht.

Andererseits habe ich auch noch die drei Skatbrüder vor Augen, die am Nachbartisch ihre Karten auf die Platte donnerten. Sie zweifelten reihum nicht nur unablässig am gesunden Geisteszustand der jeweils anderen Mitspieler, sondern äußerten ihnen gegenüber auch immer wieder zwar ausgesprochen phantasievolle, nichtsdestoweniger aber für meine Ohren ebenso schauderhaft wie bedenklich klingende Morddrohungen. Ich duckte mich daher tief hinter mein Bierglas, um nicht unschuldig in das augenscheinlich bevorstehende allgemeine Gemetzel einbezogen zu werden. Glücklicherweise hatte ich mein Schnitzel so zügig verzehrt, dass ich rechtzeitig vor den anstehenden Gewalttaten den ›Fröhlichen Ochsen‹ verlassen konnte. Wie viele Tote und Verwundete es dort an jenem Abend gegeben hat, ist mir bis heute nicht bekannt, und ich will's auch gar nicht wissen!

Vor dem Hintergrund dieses Erlebnisses und in Erwartung eines vorhersehbar kurzweiligen, amüsanten Abends stimmte ich Jupps Vorschlag zu.

Also begab sich Jupp zu unseren lieben Gästen, sprach seine Einladung aus und fügte, der Pfiffikus, hinzu, so hätten die beiden finnländischen Frauen auch mal einen Abend für sich allein. Womit er, ohne es zu ahnen, zumindest Päivi einen sehnlichen Wunsch erfüllte.

Matti zog die Augenbrauen hoch, gab seinen Zügen den Anstrich intensivsten Überlegens und blickte anschließend leutselig auf Jupp herab. Dann tönte sein kräftiger Bass durch unser Haus: »Juu, lieberrrr Frrrrreund, ich werrrde kommen.«

5

Der nächste Morgen zeigte: Matti hatte immer noch viel Spaß mit unseren Rollläden. Dennoch erschien sein vorher zu beobachtender Feuereifer leicht gemildert – jedenfalls erfolgte das Hochziehen mit deutlich weniger Verve, und er beschränkte sich auch auf die Jalousien im Erdgeschoß.

Für diesen Tag war verabredet, dass die Frauen einen Einkaufsbummel in der nächsten Großstadt unternehmen wollten. Matti hatte ursprünglich vorgehabt, die beiden zu begleiten und bezeichnete sich in diesem Zusammenhang als »Kontrollaufpasser«. Er müsse »mit den Augen sehen, was Päivi kauft«, meinte er. Sie neige dazu, Geld für völlig unnötigen Kram auszugeben, wie Kosmetika, Kleider, Schuhe und dergleichen unsinniges Zeug.

Um Päivis dramatische Verschwendungssucht zu belegen, gab Matti auch gleich ein Beispiel: Neulich in Finnland sei sie doch wirklich mit einer nagelneuen Handtasche aus der Stadt nach Hause gekommen, die habe fast 150 Euro gekostet. Dabei habe er ihr schon damals bei der Hochzeit eine wunderschöne Tasche geschenkt, aus echtem Leder oder aus PVC, das wisse er nicht mehr so genau, jedenfalls wunderschön (es sei kurz angemerkt: Die beiden sind seit über drei Jahrzehnten verheiratet). Und nun habe sie also dieses teure Ding angeschleppt. Obwohl sie doch wusste, dass sie sparen mussten, weil er sich erst zwei Wochen zuvor den neuen stärkeren Außenbordmotor fürs Boot angeschafft hatte. Übrigens, er wolle das nur nebenbei in diesem Zusammenhang erwähnen, würde ich beim nächsten Besuch in seinem Sommerhaus staunen, mit welchem Tempo er damit übers Wasser sause!

Inzwischen, denke ich, lässt sich bestimmt aus dem Wenigen, das ich hier von Päivi berichtet habe, unschwer entnehmen, dass sie als gestandene Finnin und Ehefrau von Matti dem Burschen, wie man so schön sagt, ›den Kopf ganz gehörig zwischen die Schultern setzte‹, als sie von seiner Schilderung ihrer Kaufgewohnheiten erfuhr. Die ›Außenbordmotor-Begründung‹ war für sie der Gipfel, und entsprechend drohte sie Matti mit erhobener Stimme nachhaltige Konsequenzen an. Allerdings führte sie nicht näher aus, worin diese bestehen würden.

Das war freilich auch nicht erforderlich, denn Päivis großmächtiger Lebensgefährte verkündete fügsam und ohne Zaudern: Jawohl, klar, natürlich, jawohl, jawohl, jawohl, abgemacht, selbstverständlich, jawohl, jawohl, er werde sich nicht an dem Ausflug beteiligen, und es sei ja ohnehin bekannt, jawohl, dass Päivi ihr eigenes Geld verdiene (was sie, wie die meisten Finninnen, auch tatsächlich tut!), das sei wahr, richtig, sie habe Recht, jawohl, ja ...

Ich hatte den Eindruck, Freund Matti schrumpfte mit jedem »Jawohl« um einige Zentimeter.

Das Ergebnis dieser Erörterung war, dass die anwesenden Personen weiblichen Geschlechts sowohl Matti als auch mich einfach stehen ließen, das Auto trotz der seit der Abholfahrt von Travemünde noch bestehenden technischen Macken beschlagnahmten und frisch gepudert, mit gefälliger Kriegsbemalung sowie betörend (oder richtiger: betäubend) duftend, in Richtung Einkaufsmeile davonkurvten. Beim Hinausgehen klemmte Päivi demonstrativ ihre schicke Handtasche, das Objekt der aktuellen Diskussion, unter ihren Arm und warf Matti einen vernichtenden Blick zu.

Mattis Kommentar, sobald das Auto hinter der nächsten Ecke verschwunden war: »Gut, gut. Habe ich gemacht gut. Jetzt wir haben Tag für uns!« Und er grinste übers ganze Gesicht. Ich muss immer wieder staunen, wie es ihm gelingt, jede Niederlage in einen Sieg zu verwandeln ...

Doch was tun mit den vor uns liegenden Stunden? Bis zum Stammtisch am Abend war es noch eine lange Zeit. – »Kein Problem«, meinte Matti. Er habe schließlich schon in Finnland beschlossen, hier einen deutschen Baumarkt zu besichtigen, vergleichshalber. Jetzt sei die beste Gelegenheit dazu!

Ich muss gestehen, dass dieser Vorschlag mich in eine leichte Panik versetzte. Sind mir doch auch heute noch etliche Besuche einschlägiger Etablissements an der Seite von Matti in Finnland in lebhafter Erinnerung (s. *Mehr Finnen? Mehr Finnen!*, Kapitel *Einer der schönsten Orte in Finnland: maatalous- ja rautakauppa*). Mir ging dann jedoch durch den Kopf, dass Matti mein Gast war und als solcher seine Wünsche erstrangig zu erfüllen waren. Nur: Wie kamen wir zum Baumarkt? Die holden Damen hatten ja abscheulicherweise das einzige Fahrzeug entführt.

Ein echtes Problem! Denn erstens muss man von unserem Haus bis zum Baumarkt mindestens eineinhalb Kilometer laufen. Eine Strecke! – Ja, ja, ich höre schon die Bemerkung: »Na und?« Ist mir aber egal! Sie haben gut reden, auf den Sofas und in den Sesseln, beim Lesen dieses Buches!

Zweitens stand meiner Erfahrung nach zu erwarten, dass Matti dort irgendwelche Einkäufe tätigen würde. Und die dann zu Fuß nach Hause schleppen? Sie kennen Matti und seine irrationale Baumarkt-Kaufsucht eben noch nicht.

Wir analysierten alle Details der Situation und kamen bei einem Gläschen von Mattis pontikka zu der Überzeugung: Hier kann nur Jupp helfen. Wie gut, dass er Urlaub hatte. Ein Anruf genügte, und schon fünf Minuten später stand unser Freund mit seinem fahrbaren Untersatz vor der Tür.

Erwartungsgemäß saß Matti auf der Fahrt zum Baumarkt auf dem Beifahrersitz, ich dagegen auf der Rückbank. Jupp konnte sich in gewisser Hinsicht glücklich schätzen, dass er ein etwas älteres, leicht angerostetes Modell fährt: Fenster zum Kurbeln, kein Navi, kein Radio, keine Klimaanlage oder ähnliche Spielereien. Matti musste sich also auf das Betätigen der Innenbeleuchtung und des Zigarettenanzünders beschränken – und beide Apparaturen erwiesen sich als wesentlich widerstandsfähiger gegenüber seinen Aktionen als die entsprechende Technik in meinem Auto. Jupp zeigte bei dieser Gelegenheit Weitblick und ließ den ›Finnländer‹ gewähren.

Gleich bei unserem Eintritt ins Bauzentrum fielen Matti fast die Augen aus dem Kopf. »Was das ist?«, tönte er fassungslos. Sein Erstaunen war echt, und ich begriff sofort, im Gegensatz zu Jupp, um was es sich handelte: Im Eingangsbereich duftete es höchst verführerisch – nicht nach Rindenmulch oder Torf oder Öl, oh nein, es roch nach – Brot. Nach frischem, braungebackenem, knusprigem Brot!

Zur Erklärung: Es gibt dort eine Bäckerei, mit Regalen und Theken voller Brötchen, Kuchen, Hefeteilchen und tausend leckeren Sachen mehr. Unfassbar für meinen lieben Matti! Denn nicht nur, dass es in Finnland auf dem flachen Land kaum Bäckereien gibt, wie wir sie kennen, auch Brot wird dort fast ausschließlich im Supermarkt verkauft. Und zwar hygienisch in Tüten aus Kunststofffolie verpackt! Ein Baumarkt mit angeschlossener Bäckerei, die offen (!) Gebäck anbietet, ist für jeden Finnen einfach unvorstellbar! Man kauft dort Werkzeug, Schrauben, Bohrmaschinen und dergleichen handfeste Dinge. Aber Brot? Unverpackt? Niemals!

Matti betrachtete die Backwaren mit leicht verstörten Blicken. Er wirkte in diesem Moment irgendwie geistig umnachtet. Andererseits schien es mir jedoch, als ruhe sein Blick genießerisch auf der außergewöhnlich hübschen Verkäuferin. Wie dem auch sei: Es bedurfte einiger energischer Schubse durch Jupp und mich, um ihn zum Weitergehen zu bewegen.

Im eigentlichen Baumarkt hielten wir eine kurze Dreierkonferenz ab. Ich plädierte dafür, dass wir uns trennten – schließlich kannte ich von Finnland her Mattis enorme Ausdauer beispielsweise beim Begutachten, Vergleichen und Aussuchen von Nägeln, Schrauben, Häkchen, Ösen und dergleichen. Für ihn bedeuten da ein oder zwei Stunden gar nichts. Jupp konnte ich in dieser Hinsicht noch nicht einschätzen. Von mir selbst wusste ich, dass ich Weltmeister der raschen Entscheidungen bin ...

Höchstens, wenn es darum geht, so bedeutsame Dinge wie den passenden Schraubendreher oder Hammer, die richtige Zange oder Feile auszuwählen, da lasse ich mich nicht drängen. Oder beim Kauf eines Steckschlüsselsatzes. Oder bei der Wahl von Wasserwaagen. Oder Sägen! Sie glauben nicht, wie viele unterschiedliche Arten von Sägen es gibt! Oder gar beim Kauf von Maurerkellen ... zugegeben, die kaufe ich eher selten, aber wenn, dann braucht's nun mal seine Zeit!

Doch bei allen anderen Artikeln verdiene ich wahrhaftig den Titel ›Schnellstentscheider‹. Allerdings äußert meine gütige Ehegattin immer wieder Unlust, mit mir zum Baumarkt zu fahren, mit der Begründung, sie habe am selben Tag noch anderes vor. Nun ja, des Menschen Wille ist sein Himmelreich, kann ich da nur sagen.

Zurück zu Matti, Jupp und mir: Wir fassten also den Entschluss, getrennt das Angebot zu durchforsten. Matti zog es zu den Großgeräten. Sollte er dort nicht zu finden sein, sei er aller Voraussicht nach jedoch bei den Kleingeräten, teilte er mit. Jupp hatte vor, angeregt durch Mattis Besuch, sich mit dem

Thema ›Sauna‹ auseinanderzusetzen und verschwand in Richtung der entsprechenden Abteilung. Ich demgegenüber interessiere mich schon immer sehr für alle innovativen Entwicklungen im Badezimmerbereich und folgte daher den Schildern ›Bad und Zubehör‹.

Das Warensortiment im sanitären Sektor war beachtlich: Waschbecken jeglicher Größe, Farbe und Form, Armaturen, Duschen und Badewannen, Rohrmaterial, aber auch Hänge-, Hoch- und Unterschränke und so weiter. Interessehalber testete ich einige Wannen hinsichtlich ihrer ergonomischen Funktion, indem ich mich hineinlegte, überprüfte auch die diversen Kalt- und Warmwasserhähne unter dem Aspekt der Bedienerfreundlichkeit und dergleichen mehr.

Wirklich fasziniert war ich allerdings von der wahrhaft unüberschaubaren Auswahl an Toilettenbürsten. Schon seit längerer Zeit hatte ich mit dem Gedanken gespielt, für die Gästetoilette ein neues Exemplar anzuschaffen. Hier nun bot sich mir endlich die Gelegenheit, diesen Plan in die Tat umzusetzen.

Ich begutachtete die unterschiedlichen Modelle ausgiebig: Es gab da solche mit geradem, andere mit geschwungenem, geriffeltem oder glattem Griff, weiße, rote, blaue, grüne, aber auch solche in Pink, mit Natur-, aber auch mit Kunststoffborsten, mit elegant geformten Abtropfschalen aus Plastik, Glas, Porzellan, Keramik, Metall, mit Deckel und ohne und sogar welche mit integriertem Fach für die Reinigungsmittelflasche.

Es war mir unmöglich, mich für ein Modell zu entscheiden. Was also tun? Kurzzeitig spielte ich mit dem Gedanken, von jeder Ausführung ein Exemplar mit nach Hause zu nehmen. Bei näherer Betrachtung bekam ich jedoch Bedenken, dass meine an sich friedfertige Ehefrau, so umgänglich sie prinzipiell ist, etwas unwillig reagieren würde, wenn ich das täte. Ich durchwanderte daher die umliegenden Regalgänge auf der Suche nach Beratung und fand auch endlich eine adrett gekleidete Verkäuferin. Die schaute mich zwar anfangs etwas verwirrt an, als ich höflich fragte, ob sie Klobürstenfachverkäuferin sei und mir beratend zur Seite stehen könne, erklärte sich aber bereit, mich zu dem betreffenden Regalsegment zu begleiten. Wir diskutierten dort ausgiebig die Vor- und Nachteile der dargebotenen Designs, wobei die junge Dame fundiertes Fachwissen bewies.

Zu guter Letzt hob sie mit dem Ausdruck der plötzlichen Eingebung ihren Zeigefinger, sagte: »Moment bitte!« und verschwand, um nach kurzer Zeit mit einem Pappkarton zurückzukehren. Jetzt habe sie das absolut passende Modell, teilte sie mir mit und wirkte dabei ausgesprochen glücklich. Und tatsächlich: Mit wenigen zierlichen Handgriffen zauberte sie eine WC-Bürste aus dem Kasten. Eine WC-Bürste, wie gemalt:

Mit stolz erhobenem Haupt, den echt vergoldeten Schnabel von einem wissenden Lächeln umspielt, die Flügel graziös nach oben entfaltet, trug ein Keramikschwan die Klobürste in seinem Körper, und ein philosophischer Blick strahlte aus seinen leicht schielenden Schwanenaugen. Es sei eine exklusive Spezialanfertigung, sie hätten nur dieses eine Stück auf Lager, und ich bekäme es zum absoluten Sonderpreis, wurde mir freudestrahlend von der gutherzigen Verkaufsmitarbeiterin eröffnet.

Das prächtige, kunstvolle Gebilde erinnerte mich an den Keramikschwan, den Sami (der finnische Ehemann von Mattis Nichte Kirsti. Die beiden leben in Deutschland, nicht allzu weit entfernt von uns) vor längerer Zeit aus dem Norden mitgebracht hatte, damals als Mitbringsel für die Nachbarin, die während Kirstis und Samis Abwesenheit die Blumen in deren Wohnung gegossen hatte.

Das oben beschriebene Exemplar, das mir die reizende Verkäuferin anbot, wirkte freilich deutlich gediegener und nobler. Dankbar griff ich zu, eingedenk der Tatsache, dass schon König Ludwig der Zweite von Bayern ein Schwanenverehrer war und ich so in seiner direkten Nachfolge stand. Der Verkäuferin war die Freude und Erleichterung über meine kluge Entscheidung nach diesem erfolgreichen Beratungsgespräch deutlich anzusehen ...

Inzwischen waren etwa zwei oder drei Stunden vergangen, und so entschied ich, nach Jupp und Matti zu sehen. Erwartungsgemäß war mein finnischer Freund weder bei den Groß- noch bei den Kleingeräten zu finden. Da war es hilfreich, dass ich trotz starker geistiger Beanspruchung beim Klobürstenkauf noch genügend Scharfsinn besaß, auf die Idee zu kommen, die Saunaabteilung nach den beiden zu durchforsten. Und siehe da, dort traf ich sie an. Freilich fand ich sie nicht auf Anhieb, trotz konzentrierter Nachforschung, doch zu guter Letzt hatte meine Fahndung Erfolg: Die Zwei saßen behaglich in einer der Mustersaunen, Matti oben, Jupp unten. Beim Näherkommen hörte ich, wie Matti von seiner erhöhten Position herab fachkundig mit seinen Sauna-Kenntnissen protzte, während Jupp, weiter unten, andächtig lauschte. Es nahm geraume Zeit in Anspruch, die beiden loszueisen. Sie seien erst knapp eine Stunde hier, argumentierte Matti. Wie ich da der Meinung sein könne, Jupp sei hinlänglich über das Universum ›finnische Sauna‹ informiert. Immerhin konnte ich ihn überzeugen, dass er den praktischen Teil der Saunakunde doch bei uns zu Hause besser demonstrieren könne.

Wir steuerten danach gemeinsam die Kasse an. Unterwegs sammelten wir noch drei Einkaufswagen ein: Jupp hatte einige Holzlatten eingekauft, um seinen Zaun zu reparieren. Die zwei weiteren Vehikel waren Matti zuzuordnen: Mit dem einen transportierte er einen riesigen Pappbehälter, aus dessen Aufdruck zu entnehmen war, dass er eine Bierzapfanlage von bemerkenswerter Größe enthielt ... Na ja, sowas gibt's in finnischen Baumärkten mit einiger Wahrscheinlichkeit nicht käuflich zu erwerben.

Auf Wagen Nr. 2 hatte er ebenfalls einen gewaltigen Kasten deponiert, auf dem ein seltsames Gefährt abgebildet war. Beide Kartons musterte mein origineller finnischer Freund mit verklärten Blicken. »Seeehr guter Kauf! Seeehr gut! Päivi bestimmt ist glücklich!« Nun, da hatte ich so meine Zweifel, aber die behielt ich für mich. Allerdings interessierte mich doch, was in der zweiten Verpackung war. Matti ließ mich nicht lange im Ungewissen. »Musst du sehen: Rasenmäherroboter! Mäht automatisch! Ich sitze ruhig in Sauna, Maschine mäht ganz alleine!« Tatsächlich, ich traute meinen Augen kaum, hatte er einen solchen automatischen Mäher zum Mitbringsel auserkoren.

Auf meine bescheidene Frage, wie das Zeug nach Finnland kommen solle, schaute Freund Matti mich verblüfft an. »Mit dem Auto! Du kommst doch in einem Monat zu uns, da bringst du ihn einfach mit!« Er hatte, offensichtlich als Folge seiner Überraschung über eine derartig alberne Frage, sogar seinen sorgsam gepflegten finnischen Akzent vergessen und sprach fehlerfrei Deutsch. Dieses Schlitzohr! Natürlich war ihm völlig klar, dass ich niemals »Nein« sagen würde.

Nach unserer Ankunft zu Hause verfrachteten wir die Ladung fürs Erste im ehemaligen Hühnerstall; Gott sei Dank hatte ich ihn bisher noch nicht abgerissen, obwohl mein jederzeit umsichtiges Ehegespons mir schon seit mehreren Jahren mit dieser Forderung in den Ohren liegt. Matti drängte darauf, den Schuppen fest zu verschließen, »falls Päivi oder deine Frau wollen hineinschauen!« Eindeutig befürchtete er eheliche Verwicklungen, wenn Päivi zu früh seine neuen Errungenschaften entdecken würde.

Jupp empfahl sich bald mit der Begründung, er wolle heute noch ein wenig an seinem Zaun basteln. Ich klemmte meinen edlen Schwan, sprich Toilettenbürstenständer de luxe, unter den Arm, weidete mich an Mattis neidvollen Blicken und deponierte den Vogel in der Gästetoilette. Ich muss sagen, ich hatte selten so etwas Erlesenes, Kostbares und würdevoll Aussehendes erstanden. Ich hatte ihn so arrangiert, dass der goldene Schnabel zur Tür gerichtet war, das linke Auge schaute verträumt die Kloschüssel an, das rechte schielte nach dem Toilettenpapier. Ich war höchst zufrieden.

Nach diesem anstrengenden Einkauf legte Matti sich für ein Stündchen aufs Ohr, und ich tat es ihm nach.

Das laute Gerassel der schon mehrfach erwähnten Rollläden weckte mich: Die Dämmerung brach an, und Matti nutzte die Gelegenheit, seinem neuen Hobby nachzugehen. Von unseren Frauen war noch nichts zu sehen und zu hören. Matti fand das grandios. Er genieße die Ruhe, Päivi sei leider immer so hektisch und redselig. Kaum, dass er mal zu Wort komme. Und dann: Er sei gespannt, welchen Plunder (sogar dieses Wort kannte er!) sie heute wieder gekauft habe ...

Wenig später hörten wir ein Auto anrollen, das Garagentor wurde betätigt, Stöckelschühchen trappelten, klack, klack, klack, über die Außentreppe. Unsere holden Gefährtinnen waren zurück.

6

In ritterlicher Aufmerksamkeit beeilten wir uns, den beiden verehrten Angehörigen des weiblichen Geschlechts die Tür zu öffnen. Das war auch nötig, denn sowohl Päivi als auch meine von jeher emsige Ehefrau verschwanden völlig unter Päckchen, Paketen, Tüten und Tütchen, Taschen und Täschlein, die sie liebevoll in ihren Armen hielten, sich um den Hals gehängt hatten oder mit graziösen, trippelnden Schritten vor sich her schoben. Ein verstohlener Blick auf die weit offenstehenden Autotüren zeigte mir, dass auf dem Rücksitz und im Kofferraum noch Bündel und Schachteln in Hülle und Fülle lagerten. Ganz eindeutig hatten die von unseren besseren Hälften besuchten Läden heute das Geschäft ihres Lebens gemacht.

Die Damen begrüßten uns artig mit einem »Hallo! Da sind wir wieder. Wir müssen euch vorführen, was wir gefunden haben« und stapelten ihre Erwerbungen im Wohnzimmer.

Anschließend begann das Auspacken: hier ein Jäckchen, dort eine Bluse, hier ein Paar Jeans, dort eine Cordhose, hier ein Paar Pumps, dort ein Paar Sandalen, hier fünf Paar Söckchen, dort eine Packung Unterhemden, hier ein Nachthemd, dort ein Freizeitanzug. Und: hier ein paar Ballerinas, dort ein Paar Sneaker, hier ein geblümter, dort ein karierter Sommerrock, hier ein Top mit Spaghetti-, dort eines mit breiten Trägern. Es nahm kein Ende. Diese Auflistung stellt nämlich nur einen Ausschnitt der ›Handelsbilanz‹ der von unseren beiden Lebensgenossinnen vorgenommenen Finanztransaktionen dar ... Die beiden übertrafen sich wechselseitig in ihrem Eifer, uns an ihren Erfolgen teilhaben zu lassen.

Matti hatte auf dem Sofa Platz genommen und gab den Modefachmann. Dazu setzte er sein arrogantestes Gesicht auf, zog die Augenbrauen bis zum Haaransatz hoch und verschränkte die Arme. Die vorgeführten Kleidungsstücke kommentierte er von seinem Thron aus mehr oder weniger sachkundig. Ehrlich gesagt, eher weniger – oder, um genau zu sein: Er offenbarte seine völlige Unkenntnis und plapperte nur Unsinn. Das störte ihn allerdings keineswegs. Ob er einen Schlafanzug, eindeutig als solcher zu erkennen, verbal in ein Jogging-Outfit umfunktionierte oder einen Cardigan zu einem Anorak machte, einen Bolero zu einem Poncho oder ein Paar Hausschuhe zu Moonboots – er fand seine Bemerkungen ausnahmslos gelungen.

Päivi und meine friedfertige Gemahlin ließen sich ihre Freude an ihren Anschaffungen dadurch nicht vergällen. Mit glücklichen Mienen stolzierten sie im Wohnzimmer auf und ab, schwangen die Hüften und warfen uns aufreizende Blicke zu.

Matti sparte interessanterweise nicht mit Lob und Anerkennung bei dieser Modenschau. Keine Silbe der Kritik kam über seine Lippen; ich vermute, das geschah eingedenk der im Hühnerstall zwischengelagerten Produkte seines eigenen Kaufrausches im Baumarkt ...

Die Präsentation der modischen Gewänder einschließlich entsprechender Accessoires usw. nahm einige Halbstündlein in Anspruch, so dass es endlich Zeit für uns wurde, zu Jupps Stammtisch aufzubrechen.

Auf dem Weg zum ›Fröhlichen Ochsen‹ bemerkte ich doch eine gewisse Anspannung bei meinem finnischen Kumpel. Schon zu Hause hatte er mich mehrfach interviewt, ob er sich für dieses Ereignis in besonderer Weise kleiden müsse. Ich hatte daraufhin aus unserem Kleiderfundus auf dem Speicher eine Original ›Outdoor‹-Weste in Übergröße und ein kariertes Flanellhemd herausgekramt. Beides stammte von einem meiner Onkel – Gott hab‘ ihn selig – einem passionierten Volkswanderer und Stammtischbesucher. In einer der Außentaschen fanden wir sogar noch einen Flaschenöffner, was den Wert der Kluft für Matti merklich erhöhte. Anfangs hatte er mich etwas zweifelnd angeschaut, bis ich ihm glaubhaft machen konnte, dies sei die gängige Bekleidung für Rentnerstammtische in Deutschland. Er wunderte sich zwar noch kurz, warum ich selbst in Jeans und Pullover blieb, doch konnte ich ihn damit beruhigen, dass ich in unserem Dörfchen sowieso als schrulliger Außenseiter gelte, der nicht ganz klar im Oberstübchen sei und der seltsamen Profession eines Bücherschreibers nachginge. Daher werde meine aktuelle Gewandung als typisch für meine Person akzeptiert. Der Aussage bezüglich meines Oberstübchens, meinte mein wohlerzogener Freund nach dieser Erläuterung, könne er in vollem Umfang zustimmen ...

Beim Gang durch den hellen Abend beeindruckten Matti die akkurat geschnittenen Hecken und die baumlosen, oft ausgiebig gepflasterten Vorgärten. Immer wieder blieb er stehen, um seiner Verwunderung Ausdruck zu verleihen; besonders das Grundstück unseres Ortsbürgermeisters, im Nebenberuf Reifenhändler, hatte es ihm angetan: Ich konnte ihn nur mühsam davon abhalten, zu schellen und sich Rat zu holen, wie er den geschmackvollen, aus einem Altreifen geschnittenen und mit Geranien bepflanzten Schwan in dessen Garten ebenfalls herstellen könne. Wie er später zugab, war der Hintergrund dieses Verlangens mein WC-Bürsten-Vogel. Es passte ihm partout nicht in den Kram, dass ich unwürdigerweise über so ein exquisites Stück verfügte und er ›unbeschwant‹ gen Norden reisen sollte. Ich tröstete ihn, indem ich ihm verkündete, er werde möglicherweise den Reifenschwanproduzenten, sprich unser Dorfoberhaupt, in wenigen Minuten beim Stammtisch treffen und dann sein Anliegen vortragen können.

So gelangten wir zum ›Fröhlichen Ochsen‹. Hell erleuchtet erwartete uns das Etablissement, die Eingangstür einladend weit geöffnet. Aus den wegen des lauen Sommerabends gleichfalls offenstehenden Fenstern drangen: 1. kräftige Männerstimmen, 2. ›La Paloma‹ aus der Schlagerbox, 3. Bier- und Schnapsgerüche, 4. durchdringendes Scherbengeklirr, 5. ein deftiger Fluch, weil anscheinend dem Wirt Helmut soeben ein Tablett mit Gläsern aus der Hand gerutscht war.

Ich bemerkte nicht ohne Genugtuung, dass mein ach so furchtloser Freund den Kopf etwas einzog und auf den letzten Metern ständig einen Schritt hinter mir blieb. Sobald wir den Eingangsbereich betraten, verstummten die Gespräche, gleichzeitig schwieg die Jukebox, und die Köpfe sämtlicher Anwesender drehten sich uns zu. Ich fühlte mich fast wie in einem Wildwestfilm beim Betreten eines Saloons. Matti schien sich hinter meinen Rücken zu ducken, vermutlich wünschte er sich in diesem Augenblick, mein Körperumfang betrüge das Vierfache.

Kaum aber hatte Jupp uns entdeckt und allen Gästen freudig verkündet: »Da ist ja mein finnländischer Freund!«, begann das Stimmengewirr von neuem. Jupp ruderte mit den Armen und winkte uns zu einem runden Tisch in der Ecke. Da saß Georg, genannt Schorsch, ein vierschrötiger Mittfünfziger, mir als Bäckermeister Zäpflein bekannt. Schorsch Zäpflein erhob sich und schüttelte Matti energisch die Hand, begleitet von einem gutturalen »Ei gute!« Er trug noch seine karierte Bäckerhose und wirkte deutlich vorgealtert – bis mir klar wurde, dass seine weißen Haare lediglich mehlbestäubt waren. Auch Matti beobachtete ihn leicht irritiert.

Neben Schorsch war Klaus Brüter aufgestanden. Ihn kannte ich ebenfalls. Er ist im Ort der einzige Gas-/Wasser-Installateur und genießt allseits hohes Ansehen. Und Klaus Brüter macht, wie Jupp mir bei anderer Gelegenheit mal anvertraut hatte, seinem Familiennamen alle Ehre, weil er bei jeglicher Reparatur oder Neuinstallation, die ansteht, ausführlich über die optimale Lösung nachdenkt, eben ›brütet‹. Zu seiner Ehre muss erwähnt werden, dass er dann allerdings auch wirklich hervorragende Arbeit leistet.

Der Nächste in der Runde war Lothar Gutermann, seines Zeichens Pächter der kleinen Tankstelle am Ortsausgang und anerkannter Fußballtrainer des ›FC FF 78‹. ›FF‹ steht in dieser Abkürzung für Fußball-Freunde, ›FC‹ für Fußball-Club. Ich musste bei ihm etwas vorsichtig sein, weil ich ihn vor noch nicht allzu langer Zeit einmal damit verärgert hatte, dass ich ihn sonntags auf dem Sportplatz fragte, ob die ›78‹ das Durchschnittsalter der Aktiven sei. Das war, ich gebe es zu, auch wirklich respektlos von mir. Lothar Gutermann hatte mich damals böse angeschaut und mit der Faust gedroht. Auch jetzt, wie zu erwarten, würdigte er mich keines Blickes. Jupp komplimentierte mich rücksichtsvollerweise genau auf den Stuhl neben Lothar – der übrigens in Anspielung auf seine Traineraufgabe und seinen Vornamen von seinen Freunden allgemein ›Loddar‹ gerufen wird. Wer sich auch nur im Mindesten im deutschen Fußballsport auskennt, wird wissen, weshalb.

Da Loddar mir die kalte Schulter zeigte, begrüßte ich erstmal per Handschlag Alfons Koppert, den weiter vorne schon erwähnten Ortsbürgermeister, Reifenhändler und künstlerisch begnadeten Altgummischwanhersteller. Ich hatte schon bemerkt, dass Matti sehr genau darauf achtete, wie ich mich verhielt, und so konnte ich erleben, dass auch er Alfons eifrig die Hand schüttelte (eine, wie schon erwähnt, im finnischen Verhaltenscodex üblicherweise nur für besondere Anlässe vorgesehene Höflichkeitsgeste). Kann jedoch auch sein, dass Freund Matti dies nicht ohne Hintergedanken in Bezug auf die ›Schwanenskulptur‹ tat – übrigens nicht ganz ohne Folgen, wie wir später sehen werden.

Das letzte Stammtischmitglied im Verbund war Berthold Ockelmenger, nebenbei bemerkt auch das jüngste. Berthold kennt berufsbedingt die Anatomie jedes einzelnen Mitglieds der Dorfgemeinschaft, denn er arbeitet als Krankengymnast und ist in diesem Metier nicht der Schlechteste! Diese Tätigkeit hat ihm in unserem Ort den Spitznamen ›Knochenflicker‹ eingetragen, unter dem er allgemein bekannt ist und wohl des Öfteren auch seine Post erhält.

Das also war die Herrenriege, die sich um den klobigen, runden Holztisch versammelt hatte. In dessen Mitte prangte unübersehbar ein aus schwerem Schmiedeeisen gefertigter Aschenbecher mit zwei gefälligen Bügeln, zwischen denen, an zwei Ketten hängend, ein Schild mittels geschwungener Goldbuchstaben kundtat: ›Stammtisch‹. Der Sinn dieses Objekts hat sich mir bis heute allerdings nicht erschlossen; allenfalls wäre mir einleuchtend, dass es leicht betüttelten Stammtischbrüdern die Orientierung erleichtert.

Matti und ich nahmen die für uns freigehaltenen Plätze ein, und ich konnte registrieren, dass Mattis anfängliche Unsicherheit sich in Nullkommanix legte. War ja auch nicht anders zu erwarten. Lässig lehnte er auf seinem Holzstuhl und bestellte ein Bier nach dem anderen. Dabei versuchte er konsequent, aber vergeblich, Wirt Helmut dazu zu bewegen, ihm ein schaumlos (nicht schamlos) gezapftes zu kredenzen, wie er es von Finnland her kennt. Gleichzeitig führte er das große Wort. Erzählte von den Unmengen an Elchen, Bibern, Bären und Wölfen, die – selbstverständlich – direkt an seinem Sommerhaus allabendlich zur Tränke gingen. Mit steigender Zahl der von ihm verkonsumierten Biere stieg nicht nur die Anzahl der Bestien, sondern auch ihre körperliche Größe, Kraft und Gefährlichkeit ins schier Unermessliche. Die Runde lauschte atemlos und höchst beeindruckt – bis sich mein finnischer Schwerenöter verhaspelte und den aufgeführten Tierarten auch noch Krokodile und Löwen hinzufügte. Da lief denn doch ein ungläubiges Raunen um den Tisch, das sich zu donnernden Lachsalven steigerte. Was Matti mit beleidigter Miene quittierte.

Nachdem sich die Gemüter wieder beruhigt hatten, wurde beschlossen, die Menükarte nach handfesteren Genüssen zu durchforsten. Die freundliche Kellnerin namens Doris, eine ansehnliche Dame mit Oberlippenbart, kräftigen Oberarmen und wasserstoffperoxidgebleichten Haaren brachte uns auch sogleich die elegant in Plastik gebundene Speisekarte. Wie in deutschen Lokalen üblich, war die Auswahl groß: Auf der ersten Seite fanden sich diverse Schnitzelvariationen, die zweite Seite bot ein leckeres Spektrum kalter Genüsse wie Leberwurstbrote, Käse- und Wurstplatten und Sülze. Die restlichen sechs Seiten füllte das Getränkesortiment.

Wir einigten uns nach längerer Bedenkzeit mehrheitlich auf panierte Schweineschnitzel mit Pommes. Ausgenommen Matti: Er hatte, offensichtlich das erste Mal in seinem Leben, auf der Karte das ›Jägerschnitzel‹ entdeckt und gab bei Doris ein »Schnitzel vom Jägersmann, direkt aus Wald!« in Auftrag, nachdem er sich von seinem Heiterkeitsanfall erholt hatte. Während der Bestellung drohte er erneut, von wieherndem Gelächter geschüttelt, von seinem Stuhl zu rutschen. Die Stammtischfreunde blickten hilfesuchend auf mich, in der Hoffnung, ich könne zur Aufklärung dieses merkwürdigen Verhaltens ihres finnischen Gastes beitragen. Ich winkte beschwichtigend. Die heitere Stimmung meines lieben Freundes sei, so tat ich flüsternd kund, wohl nicht nur auf das für ihn bizarr klingende Menü zurückzuführen, sondern wohl eher noch auf die verkonsumierten Biere. Da nickten alle verständnisvoll, sogar Loddar, denn diese Reaktion war ihnen allen nicht unbekannt.

Matti verzehrte sein Waidmann-Schnitzel nach Anlieferung in erstaunlicher Geschwindigkeit und war des Lobes voll. Er habe bisher in Finnland niemals einen so schmackhaften Jägersmann verspeist, bemerkte er.

Während wir anderen noch am Kauen waren, widmete sich mein wie immer an allem interessierter Freund mit gesteigerter Aufmerksamkeit dem Interieur des ›Fröhlichen Ochsen‹. War er zu Beginn unserer Zusammenkunft zu angespannt gewesen, um auf mehr als die am Tisch Sitzenden zu achten, so schweifte nun sein Blick durch den Raum. Als Ergebnis seiner Inspektion stieß er mich in die Seite: Die leicht angestaubten und nach Wasser dürstenden Grünpflanzen auf den Fensterbänken, neben Alpenveilchen einige Kakteen und Gummibäume, hatten es ihm angetan. Und besonders gut gefielen ihm die Stroh- und Jute-Dekorationen auf den Tischen, in die mit viel Geschmack rote und blaue Kunststoffblüten eingearbeitet waren. Meiner harmlosen Anregung, ob er nicht so ein original-deutsches ravintola (Restaurant) in Finnland eröffnen wolle, die Zapfanlage habe er ja schon, stimmte er ohne Zögern zu, meinte jedoch, ihn beschäftige vor allem die Frage, wo diese fantastischen Gestecke erhältlich seien. Ohne diesen Tischschmuck sei das Unternehmen von Vornherein zum Scheitern verurteilt.

Auch die aparte Doris, meinte er hinter vorgehaltener Hand, wäre mit Sicherheit eine Attraktion in seinem zukünftigen Lokal; er wolle sie gemeinsam mit mir unauffällig kontaktieren, ob sie sich vorstellen könne, mit nach Suomi zu kommen.

Da Sie, liebe Leser, Matti nicht persönlich kennen, werden Sie gewiss denken, sein Eingehen auf meinen Vorschlag sei von ihm als Witz gemeint gewesen, quasi zu meinem Amüsement. Dem, glauben Sie mir, war beileibe nicht so. Wohl war er kopfmäßig etwas umnebelt, doch ich kannte ihn lange genug, um zu wissen, dass er durchaus auch bei völliger Nüchternheit solche und ähnliche Pläne entwickeln kann. Wie viele von seinen manchmal – wie im vorliegenden Fall – recht abstrusen Ideen realisiert wurden und werden, steht freilich auf einem anderen Blatt. Es dürfte ein verschwindend geringer Teil sein. Und das, ich muss es gestehen, ist auch gut so ...

Übrigens erinnerte sich mein erfindungsreicher Freund am Folgetag durchaus an sein geniales Projekt, weihte auch seine Angetraute ein und legte ihr bei dieser Gelegenheit gleich explizit dar, welche Räumlichkeiten in ihrer beider Wohnort als deutsche Gaststätte wunderbar geeignet seien.

Päivi hörte sich Mattis Luftschloss-Erläuterungen ungerührt an. Sie musterte mich indes mit einem Blick, der zeigte, dass sie mich im Verdacht hatte, der Urheber dieses genialen Konzeptes zu sein. Nachdem ihr Gatte geendet hatte, sagte sie lediglich: »Hullu!«, was zu Deutsch nichts anderes bedeutet als »Spinner!« Damit war die Angelegenheit für sie erledigt.

Unser Stammtischabend endete gegen zwei Uhr in der Nacht mit dem gemeinsamen Gesang: »Trink, trink, Brüderlein, trink!«, dem meiner Erfahrung nach einzigen deutschen Lied, das ausnahmslos alle Finnen kennen. Auf dem Nachhauseweg begleitete uns Alfons, unser fähiger Ortsbürgermeister, durch die Nacht. Wir hielten bei ihm kurz an, und in liebevoller Freundschaft umarmte er uns beide als seine besten Freunde. Dann verschwand er eilig in seinem Vorgarten, kehrte ungesäumt zurück und drückte den Altreifenschwan meinem hocherfreuten Matti mit den undeutlich dahingenuschelten Worten: »ein Grusch vom Alfonsch« in den Arm. Inklusive Geranien!

7

Nach dem anstrengenden Einkaufstag mit krönendem Stammtischabschluss bestand allgemein das Bedürfnis nach einer Ruhepause. Unter den Obstbäumen in unserem Garten ließen wir es uns gut gehen, die Sonne schickte ihre Strahlen vereinzelt durch das Blätterdach, das schattige Plätzchen bot Schutz vor der Tageshitze. Päivi schlummerte im Liegestuhl, Matti hatte schon am Vormittag den ihm von Alfons Koppert nächtens übereigneten Reifenschwan im Hühnerstall bei seinen anderen Errungenschaften deponiert, noch ehe Päivi oder meine entzückende Gattin das Gebilde entdecken konnten. Auch mein finnischer Freund gab sich dem süßen Nichtstun hin – bekanntermaßen ist das ja eine seiner Lieblingstätigkeiten. Vermutlich träumte er selig von seiner neuen Kneipe in Finnland.

Meine hochgeschätzte Lebensgefährtin wirkte als aufmerksame Gastgeberin im Haus, sie bereitete das Essen vor. Ganz selbstverständlich konnte es für eine heimatverbundene Finnin nur typisch finnische Speisen geben, wie im Ofen gegarter Lachs mit Dill, Kartoffelbrei und gekochte Möhren. Verführerische Düfte durchzogen das Haus und den Garten; ich freute mich schon sehr auf das Schmausen. Meine bessere Hälfte wurde von mir tatkräftig unterstützt, indem ich mich unserer Küche fernhielt und unter kühler Apfelbaumkrone die Zeitung las. Immerhin hatte ich schon aus dem Weinkeller einen guten Tropfen geholt.

Es herrschte ausnahmsweise eine himmlische Ruhe, völlig ungewöhnlich für unser Wohngebiet! Das hatte seinen traurigen, aber doch so erfreulichen Grund: Das Haumannsche Rasenmäherungetüm nutzte die Gelegenheit zu einem ausgiebigen Schläfchen im Geräteschuppen, denn seine Besitzerin lag für diesen Tag im Krankenhaus. Sie hatte in der gestrigen Nacht, genau zu dem Zeitpunkt, als Matti mit mir vom ›Fröhlichen Ochsen‹ nach Hause kam, einen häuslichen Unfall erlitten. Soweit ich in Erfahrung bringen konnte, war sie in der Dunkelheit gegen die Kante der offenstehenden Küchentür gelaufen und hatte sich dabei das Nasenbein angeknackst sowie die rechte Großzehe gebrochen.

Jetzt wird sich wahrscheinlich mancher mitfühlend wundern, aus welchem Grund Elfriede Haumann kein Licht in ihrer Küche gemacht hatte, wie es wohl jeder vernünftige Mensch klugerweise im Dunkeln tut. Diese Frage beschäftigte auch mich längere Zeit. Bis mir bewusst wurde, dass ihr Küchenfenster zur Straße hin liegt, auf der Matti und ich nach Hause kamen. Und bis ich bemerkte, dass sie dort den Rollladen nur zu zwei Dritteln heruntergelassen hatte. Da zählte ich Eins plus Zwei plus Drei zusammen ... Das Ergebnis dieses kleinen Rechenexempels hatte zur Folge, dass sich mein Mitgefühl für Elfriedchen in Grenzen hielt.

So hingen wir im Garten unseren Gedanken nach. Da drang ein dezentes Kratzen, Scharren und Schaben an mein Ohr. Auch Matti hob den Kopf und blinzelte aus halb geschlossenen Augen ins Sonnenlicht. »Was das ist?«, murmelte er matt. Mir war selbstredend auf Anhieb klar, um was es sich handelte. Ich legte die Zeitung beiseite, erhob mich und begab mich zur Nachbareinfahrt. Matti zögerte kurz, unentschlossen, ob es sich lohnen könnte, sich aus der Horizontalen in die Senkrechte zu begeben. Zu guter Letzt kam er mir erschöpft nachgeschlichen.

Je näher wir der Zufahrt kamen, umso deutlicher wurden die Geräusche, und endlich entdeckten wir eine Gestalt in Arbeitskluft, zusammengekauert und auf Knien, einen Eimer neben sich: Cornelius Buxenhammer.

In seiner Rechten blitzte ein Messer, sein ebenmäßiges, sonst stets sanftes, durchgeistigtes Antlitz war rotglühend und triefte vor Schweiß. Seine Zähne hatte er gefletscht, seinem verzerrten Mund entrangen sich stöhnende Laute voller Aggressivität und Hass, seine starren Augen sprühten Blitze ...

Matti ging vorsichtig hinter der Papiermülltonne in Deckung – später gab er mir gegenüber offen zu, er habe meinen fast an Verwegenheit grenzenden Mut bewundert, als ich beherzt auf Cornelius zugegangen sei. Nun ja, ich bin eben ein furchtloser Mensch, besonders, wenn ich weiß, dass die Situation keine Gefahren birgt.

Es dauerte geraume Zeit, bis Nachbar Buxenhammer mich wahrnahm, so vertieft war er in seine Arbeit. Und die bestand darin, auch die minimalsten Moosfitzelchen und Grashälmchen aus den Fugen seines Verbundpflasters zu kratzen. Ich vermute, er befürchtete, es könne sonst zu einer dschungelartigen Überwucherung seines Eigenheimes kommen. Als er mich gewahrte, erhob er sich mühsam, unter Ächzen und Seufzen. Dann stimmte er ein Klagelied über das respekt- und zügellose Wachstum des Unkrauts an.

Matti lugte aus seinem Versteck hervor, und als er registrierte, dass offensichtlich keine Gefahr bestand, trat er vorsichtig näher. Verwunderung und maßloses Erstaunen malten sich auf seinem Gesicht, als er gewahr wurde, womit Cornelius Buxenhammer sich beschäftigte. Er betrachtete weniger mitleidig als interessiert den krummen Rücken, mit dem Cornelius vor uns stand. Der hielt sich mit letzter Kraft am Torpfosten fest. Matti schwieg längere Zeit, dann sprach er meinen selbstquälerischen Nachbarn an: »Was du machst da?«

Der passionierte Hobbygärtner betrachtete nun seinerseits Matti verständnislos und fragte zurück: »Wieso?«

Ich bitte darum, mir zu glauben: Niemals zuvor war mir der Unterschied zwischen finnischen und deutschen Sitten und Gebräuchen, finnischer und deutscher Lebensgestaltung einschließlich finnischer und deutscher Wohn- und Gartenkultur so deutlich wie in jenem Moment!

Um die damalige Situation realitätsgerecht in allen Details zu schildern, muss ich noch ergänzen, dass Matti nicht nur über Cornelius Buxenhammers ›Ausstechkünst‹ erstaunt war, sondern ihn noch ein weiteres Phänomen deutscher Ordnungsliebe beeindruckte: Salz. Jawohl: Salz.

Es war nämlich so, dass bei genauerem Hinsehen neben Nachbar Buxenhammer nicht nur ein Plastikeimer für die herausgerupften Unkräutlein zu finden war, sondern auch eine größere Pappschachtel. Ihr Inhalt: Salz, wie soeben dargelegt. Schlichtes, grobkörniges, weißes Viehsalz. Matti entdeckte den Karton und die auf dem Pflaster malerisch verstreuten Salzspuren. Er wandte sich wissensdurstig an mich und begehrte Auskunft, was der Sinn und Zweck des Verbundsteinewürzens sei. Noch ehe ich antworten konnte, schaltete sich Cornelius ein. Das diene der Vernichtung von Unkraut, erläuterte er entgegenkommend und erntete von Matti erneut nur ungläubiges Staunen.

Mattis Augen wanderten prüfend zwischen Cornelius Buxenhammer und mir hin und her. Es war klar, dass er den Verdacht hatte, von meinem lieben Nachbarn auf den Arm genommen zu werden. Als er dann aber feststellte, dass ich, wenn auch belustigt, so doch ernsthaft nickte, zogen sich seine Lippen zunehmend in die Breite. Letztendlich hielt er sich nach Luft schnappend den Bauch und lachte schallend. Was wiederum bei Cornelius Verwirrung und ein leicht ärgerliches Mienenspiel auslöste.

Ich hatte daher das Bedürfnis, dem lieben Buxenhammer unterstützend zur Seite zu springen und tat das auch umgehend. Ich berichtete meinen beiden Zuhörern nämlich, dass ich erlebt hatte, wie ein Jahr zuvor Kirsti, unsere Sommerhaus-Nachbarin in Finnland, bei uns erschien und anfragte, ob wir ihr wohl »kaneli«, zu Deutsch »Zimt«, leihen könnten (Tatsache!). Sie hatte damals eine Invasion von roten Ameisen in ihrer Sauna, und ihr Plan war, die Tierchen mit Hilfe von Zimt von dort zu vertreiben. Sie war felsenfest der Überzeugung, ihr Vorhaben werde Erfolg haben. Mir ist erinnerlich, dass Kirsti ihre Sauna einige Monate lang nicht benutzen konnte, weil der Holzboden im Vorraum intensiv zimtrot gefärbt war und das Aroma beim Betreten starke Assoziationen an Weihnachten auslöste. Dagegen liebten die Ameisen den Zimt und luden auch ihre Nachbarvölker zum Festmahl ein ...

Glücklicherweise verfügt Nachbar Buxenhammer über ebenso viel Sinn für Humor wie Matti. Nicht ohne Grund ist er Vorsitzender unseres dörflichen Karnevalclubs und des Kleingartenvereins ›Saftige Zwiebel‹. Daher erfasste er sofort die Komik der Salz- und Zimtthematik, bestand jedoch nachdrücklich auf der Wirksamkeit der Salzmethode.

Zwischenzeitlich war die Zubereitung der Speisen für unser Lachsmenu abgeschlossen worden. Meine hinreißende Ehegattin rief zu Tisch, Cornelius blieb auf seiner Hofeinfahrt zurück, Matti, scharfzüngig, wie er sein kann, fragte höflich an, ob er ihm noch eine Gabel bringen solle, über Messer und Salz verfüge er ja schon. Nachbar Buxenhammer zückte als Antwort drohend sein Messer, mit dem Erfolg, dass Matti schleunigst ins Hausinnere verschwand.

Während des Essens setzte Matti Päivi das soeben Erlebte haarklein auseinander – wie bei ihm üblich, nicht nur einmal, sondern mehrfach. Meine Zimt-Anekdote verschwieg er wohlweislich, die musste ich selbst zum Besten geben. Päivi amüsierte sich über beide Geschichten und steuerte noch bei, dass sie in den finnischen Wäldern immer eine 'Bärenglocke' um den Hals trage und Pfefferspray bei sich führe. Sinn der Glocke sei es, die Bären rechtzeitig auf einen nahenden Menschen hinzuweisen, mit dem Pfefferspray könne man sie notfalls abwehren. Wenigstens habe das so in der Zeitung gestanden.

Matti erlitt daraufhin einen erneuten Lachanfall, was zu einer Kopfnuss durch Päivi führte. Nachdem er sich beruhigt hatte, meinte er, er hielte es für sinnvoller, wenn die Bären die Glocken trügen. Und zack, nächste Kopfnuss. Dabei, es sei hier angemerkt, ist diese ›Glockenempfehlung‹ wirklich ernst gemeint!

Das Salz-, Pfeffer- und im weiteren Verlauf auch Zucker-Thema beschäftigte uns auch während des weiteren Essens. Meine allzeit geliebte Ehegefährtin schilderte uns, dass ihr Großvater ihr in ihrer Kindheit vorflunkerte, ein Häschen könne nicht mehr weglaufen, sobald man ihm Salz auf den Schwanz streue. Und mir selbst fiel ein, wie meine Eltern mich als Kind aufklärten: Wolle ich ein Schwesterchen oder Brüderchen bekommen, müsse ich Zuckerwürfel aufs Fensterbrett legen, für den Klapperstorch. Ich kann mir noch ins Gedächtnis rufen, dass ich das auch wirklich tat; der Erfolg blieb jedoch leider aus.

Unser Galadiner war also nicht nur sehr delikat, sondern verlief auch in heiterster Stimmung. Nur so ist mir Mattis großherzige Ankündigung erklärbar, er werde den Tisch abräumen und anschließend spülen. Dabei bin ich der festen Überzeugung, dass er unsere Spülmaschine im Gedächtnis hatte. Der Schlawiner hätte sein mildtätiges Angebot niemals gemacht, wenn zu unserer Küchenausstattung nicht dieses Gerät gehörte. Worüber er sich in diesem Moment nicht im Klaren war: Der Geschirrspüler hatte beschlossen, den Dienst zu verweigern. Wohl war von meiner generösen Ehefrau und mir schon ein neues Gerät bestellt worden, es sollte noch im Laufe der Woche geliefert und angeschlossen werden, aber aktuell bedeutete ›Spülen‹ eben Handarbeit ...

Wir drei, Päivi, meine geschickte Gattin und ich, stimmten dem Anerbieten verständlicherweise sofort zu. Es war ein wahrer Genuss, zu beobachten, wie sich Mattis Gesichtszüge veränderten, als er erfuhr, dass der Geschirrspülautomat streikte. Entsetzen malte sich in seiner Miene, gefolgt von einem Ausdruck tiefsten Nachdenkens, vermutlich darüber, ob sich die Chance böte, einen Rückzieher zu machen, daraufhin Verzweiflung, weil das aussichtslos erschien. Dann wandte er sich an mich mit der Frage: »Bist du mein bestes Freund; bestimmt du hilfst mir.« Und als ich kaltschnäuzig meinen Kopf schüttelte, zischte er: »Pelkuri!«, zu Deutsch: »Feigling!«

Das ließ mich allerdings recht ungerührt, vielmehr folgte ich den Damen gemächlich in den Garten, wo wir behaglich erneut dem süßen Nichtstun frönten. Wir ließen uns auch nicht durch das emsige Fugenkratzen des unermüdlichen Cornelius Buxenhammer oder durch das höchst unwillige Geschirrklappern eines missgelaunten Matti stören.

Später, nachdem Matti seinen Spüljungenjob erledigt und dabei auch seine schlechte Laune weggewaschen hatte, unternahmen wir einen gemeinsamen Spaziergang. Das bot sich an: wunderbares Wetter, der Himmel wolkenlos, die Sonne strahlend. Zudem wohnen wir direkt am Ortsausgang, fünfzig

Meter von Feld und Wald entfernt. Wir wanderten entlang ausgedehnter Korn- und Kartoffelfelder sowie Wiesen bis zum Waldrand, unsere junge Foxterrierhündin Maju immer vorneweg.

Päivi und Matti staunten, dass man auf so »endlosen Wegen« laufen konnte, wie Päivi es ausdrückte. In Finnland ist die Natur nämlich wesentlich weniger erschlossen, zudem führen die Wege dort in der Regel zu einem Bauernhof oder Sommerhaus. Noch mehr als das dichte Wegenetz allerdings verblüffte sie, dass Maju ohne Leine lief. Sie hatten zwar erlebt, dass sie auf unserem Sommerhausgrundstück fröhlich herumstöbern durfte, aber es war für sie völlig neu, Hunde auf öffentlichen Wegen unangeleint zu sehen. Während bei uns (»Ordnung muss sein!«) jedes einzelne Grashälmchen aus den Pflasterritzen gepuhlt wird, wird es in zahlreichen finnischen Gemeinden als absolut erforderlich angesehen (»järjestys olla pitää« – genau: »Ordnung muss sein!«), Hunde (und Katzen!) generell und überall an der Leine zu führen. Restaurantbesuche mit Hund sind sogar so gut wie unmöglich, wiewohl sich in den letzten Jahren eine etwas tolerantere Einstellung anzubahnen scheint.

Damit ich hier nicht missverstanden werde: Hunde müssen beispielsweise beim Nahen von Spaziergängern, Kindern oder Joggern ›bei Fuß‹ gehen oder an der Leine! Ganz klar! Warum sie allerdings in einer so endendendlosen Weite wie in Finnland immer angeleint laufen sollen, und zwar in vielen Fällen, wie ich beobachtet habe, so kurz, dass sie sich kaum bewegen können, das ist mir schleierhaft. Tut mir leid. Aber so, wie ich mir das Recht nehme, die Mooskratzerei in Deutschland zu persiflieren, nehme ich mir auch das Recht, den Leinenzwang in Finnland aufs Korn zu nehmen. Weiß schon, weiß schon, ich höre den Aufschrei! Matti fauchte mich ja auch an, es stimme überhaupt nicht, was ich erzähle. Päivi und meine fürsorgliche Lebensgefährtin waren da deutlich konzilianter: Beide Finninnen meinten, ich habe nicht ganz Unrecht.

Matti dagegen warf mir strafende Blicke zu. Er drohte mir mit »Freundschaftsschlussbeendigungsende« (so lautete das von ihm eigenständig entwickelte Wort, mit dem er seinem Unwillen Ausdruck verlieh), weil ich mir erlaubt hatte, mich über sein geliebtes Finnland zu beklagen. Gottlob gelang es mir rasch, seinen Unmut zu zerstreuen. Ich verriet ihm, dass es in Deutschland die Möglichkeit gibt, nicht nur Hunde, sondern auch unliebsame Freunde oder gegebenenfalls Ehepartner – da horchte er auf! – an der Leine zu führen.

Er tippte sich zwar erst an die Stirn und knurrte in seinem unnachahmlichen Deutsch: »Hast du wieder nur dummes Blödsinn in deines leeres Kopf!« Trotzdem hörte er mir gespannt zu, als ich ihm von Göttingen erzählte, der altehrwürdigen Universitätsstadt an der Leine und von Hannover, das ebenfalls von diesem Fluss durchflossen wird. Und mein hochverehrter finnischer Freund erfasste in Sekundenschnelle die Doppeldeutigkeit meiner Aussage. Begriffsstutzig ist er ja wirklich nicht! Seine Züge verklärten sich, und fortan, wenigstens für den Rest des Tages, beschäftigte ihn pausenlos die Frage, wie er mit Päivi nach Göttingen gelangen könne, um sie dort ›an der Leine spazieren zu führen‹ ...

8

Der Tag begann mit einem missgelaunten Matti: Zum Frühstück erschien er mürrisch, hockte sich nach einem kaum vernehmbaren »huomenta« (»Morgen«) hinter seine Kaffeetasse, stützte den Kopf in beide Hände und wartete darauf, von seiner treuen Päivi, meiner in der Regel einfühlsamen Ehegattin oder von meiner Wenigkeit nach dem Grund seiner Düsterkeit befragt zu werden. Vergeblich! Wir besprachen in aufgeweckter Wachheit den Zustand des Wetters (sonnig und warm trotz der relativ frühen Morgenstunde), langten eifrig zu Brötchen und Toast, kaurapuuro sowie Marmelade und belobigten den ausgezeichneten Kaffee, der in den Tassen dampfte. Matti dagegen schaute zunehmend trübsinnig. Beim raschen Blick auf seine eingefallenen Wangen konnte man den Eindruck gewinnen, er spiele mit dem Gedanken, diesem trostlosen Dasein ein baldiges gewaltsames Ende zu setzen. Es war einigermaßen schauderhaft, konnte uns anderen jedoch nicht im Geringsten den Genuss der morgendlichen Leckereien verderben.

Endlich ertönte ein dezentes Seufzen aus der Richtung, in der mein treuer finnischer Freund, einem Häufchen Elend gleich, auf seinem Stuhl kauerte. Woraufhin Päivi in liebender Zuwendung ihren Sprachfluss und ihre Tonlage erhöhte und sich ausgiebig zum Thema »neue Frisurenmode in der finnischen Frauenzeitschrift ›me naiset‹ (›Wir Frauen‹)« äußerte. Als Folge verstärkte sich die Seufzerattacke, und schließlich erhob sich ein offensichtlich gebrochener Matti und verschwand im Keller ins Gästezimmer.

Kaum hatte er den Raum verlassen, unterbrach Päivi ihren Frisurentrend-Bericht und klärte uns genervt über die Hintergründe der morgendlichen Mattischen Übellaunigkeit auf: Die vergangene Nacht sei eine der schlimmsten ihres Ehelebens gewesen. Sie habe kaum ein Auge zugetan, weil ihr griesgrämiger Lebensgefährte sich von links nach rechts wälzte, dann von rechts nach links, sich im Bett aufsetzte, schnaufte, schniefte und ächzte und zu guter Letzt aufstand, unter rätselhaftem Brummen seine geliebte originalfinnische Axt sowie die originalfinnische Bügelsäge (ich berichtete schon von beidem) aus dem Koffer kramte und sich anschließend, beides liebevoll umarmend, wieder ins Bett begab. Dort habe er neben ihr gelegen, schwer geatmet und gelegentlich kleine spitze Schreie ausgestoßen, die wohl daher rührten, dass er sich an den Zacken seiner Säge gepiekst hatte. Das Ganze sei ihr sehr peinlich gewesen, sie habe ihn mehrfach ermahnt und darauf hingewiesen, was wir beide wohl denken würden, sollten wir diese sehr doppeldeutigen Töne zufällig vernehmen. Matti habe diese Vorhaltung jedoch so viel gestört wie den Bären beim Honigsammeln das Gesumm einer Biene.

Auf ihre Frage, was los sei, habe er geantwortet, er sei von tiefem Heimweh nach seinen Wäldern überwältigt worden und sehne sich nach dem Hauptinhalt seines Lebens: Bäume fällen und Holz sägen bzw. hacken. Es sei nun immerhin schon sechs Tage her, seit er den letzten Stamm gekürzt, gespalten und zerlegt habe.

Ich tätschelte Päivi beruhigend die Hand und setzte ihr auseinander, dass ich in weiser Voraussicht für diesen Notfall vorgesorgt hatte. Michael, unser allseits geschätzter Revierförster, sei von mir schon im Vorfeld informiert worden und habe ein größeres Stück Land für Matti reserviert, auf dem mehrere Klafter Holz auf den blindwütigen Einsatz ihres finnischen Ehegatten warteten. Zwar habe Michael wegen versicherungsrechtlicher

Fragen anfangs Bedenken gehabt, falls Matti sich einige seiner Finger absägen würde, diese Sorge habe ich jedoch zerstreuen können. Ich erläuterte Michael, dass laut Mattis eigener Aussage »derartige Blessuren zum Geschäft« gehörten und bisher bei ihm sämtliche abgetrennten Finger ausnahmslos wieder nachgewachsen seien. Michael hatte allerdings darauf bestanden, Matti vor Beginn seiner Zerkleinerungstätigkeit einweisen zu dürfen.

Päivi fiel mir und meiner gewinnend lächelnden Ehefrau daraufhin mehrfach um den Hals oder, richtiger, die Hälse (je einer pro Person) und teilte uns mit, wir seien echte Freunde!

Danach brach ich zum Gästezimmer auf, in dem Matti noch immer sein trauriges Los beweinte. Auf mein zaghaftes Klopfen ertönte von drinnen ein kraftloses »Hmmm?«. Das klang erschreckend nach einem Elch, der sich niedergelegt hatte, um in die ewigen Jagdgründe einzugehen. Beim Eintreten entdeckte ich Freund Matti hingestreckt auf dem Bett, die Axt und die Säge waren malerisch zu beiden Seiten seines dahinsiechenden Körpers drapiert. Allem Anschein nach hatte er damit gerechnet, dass mindestens einer von uns nach ihm schauen werde; er ist, ich muss es hier einflechten, definitiv ein begnadeter und gleichzeitig unübertroffener Meister der Selbstinszenierung.

Ich blieb an der Tür stehen, um den Anblick zu genießen. Matti hielt seine Augen geschlossen. Erkennbar wartete er darauf, von mir angesprochen zu werden. Bei genauem Hinsehen konnte ich feststellen, dass er, blinzelnd zwischen seinen gesenkten Lidern, beobachtete, wie ich mich verhielt.

So standen bzw. lagen wir minutenlang bewegungslos und schweigend, bis mein Freund es offenbar nicht mehr aushielt. Er richtete sich plötzlich auf und meinte: »Was ist?«

»Ich habe Arbeit für dich, tüchtiger metsuri (Holzfäller)«, war meine Antwort, und sie wirkte elektrisierend auf den ermattet Daliegenden: Im Nu war er aufgesprungen, hielt Säge und Axt in seinen Händen und erkundigte sich: »Wo?«

Fortan legte er die beiden Insignien seiner Leidenschaft und Macht nicht mehr zur Seite und begleitete mich auf Schritt und Tritt. Spaßeshalber, und weil ich manchmal auch ein bisserl gemein sein kann, zögerte ich den Anruf bei Förster Michael etwas hinaus. Das wiederum zog entrüstete Kommentare meines vor Ungeduld kribbeligen Matti nach sich. Als er schlussendlich damit drohte, unseren Esstisch zu zerlegen und tatsächlich die Säge ansetzte, griff ich denn doch zum Telefon.

Michael war glücklicherweise in seinem Büro und sofort damit einverstanden, uns zu besagtem Grundstück zu begleiten. Matti schlüpfte in das einzige Paar Gummistiefel, das sich im Schuppen fand und stakte versuchsweise damit im Hof herum. Die Stiefelgröße (49) entsprach leider nicht ganz der seiner Füße (44), entsprechend gestaltete sich sein Gangbild... Doch fragen Sie jetzt bitte nicht, wem diese Stiefel gehörten, beziehungsweise, woher sie stammten! Ich müsste Ihnen die Antwort schuldig bleiben. Wenn ich mich recht entsinne, lagen sie schon in einer Ecke des Schuppens, als wir Haus und Nebengebäude bezogen. Wahr ist freilich, dass ich mir das Vergnügen erlaubt hatte, meine eigenen Gummistiefel vorsorglich aus dem Schuppen zu entfernen, ehe Matti auf der Suche nach dieser Fußbekleidung dorthin verschwand. Das war eine kleine Wiedergutmachung für mich, weil er mir im Sommer zuvor ein Paar uralte undichte Gummigaloschen angedreht hatte, als ich in seinem Sommerhaus zu Besuch war. Er hatte mich bei dieser Gelegenheit mit scheinheiliger Freundlichkeit, die mich im Grunde genommen sofort hätte stutzig machen sollen, eingeladen, ihn beim Angeln zu begleiten. Ich erinnere noch sehr genau, wie das eiskalte Wasser damals in wahren Sturzbächen in diese Stiefel gedrungen ist ...

Nun, jedenfalls durfte ich jetzt ein weiteres Mal sein schier unerschöpfliches Reservoir an finnischen Schimpfwörtern bewundern. Immerhin konnte ich ihn etwas umgänglicher stimmen, indem ich die Hoffnung äußerte, er werde von Michael auch eine Motorsäge erhalten.

Wir liefen dann zu Michael – oder, korrekt ausgedrückt, ich befleißigte mich des mir eigenen anmutigen Gangs, und Matti watschelte mehr oder weniger entengleich nebenher. Zur spürbaren Erleichterung meines finnischen Holzfäller-Freundes wohnt Michael nur etwa 300 Meter von uns entfernt.

Der Oberförster wartete schon am Hoftor und bog sich vor Lachen, als er uns die Straße heraufkommen sah. Er deutete zur Begrüßung auf die Quadratlatschengummistiefel an Mattis Füßen, klopfte ihm anerkennend auf die Schulter und zog ihn in seinen Werkzeugraum. Ich folgte in froher Erwartung. Drinnen verpasste Michael dem ausnahmsweise mal verblüfften und daher sprachlosen Burschen eine vollständige Waldarbeitermontur: Overall in Moosgrün, Helm mit Augenschutzschild, Schutzhandschuhe, passende gelbe Sicherheits-Gummistiefel mit Stahlkappe, Kopfbügel-Lärmschützer. Mattis Mund wurde breiter und breiter, zum Schluss grinste er glücklich von einem Ohr bis zum anderen. Und als Michael ihm tatsächlich gar noch einen Kanister mit Benzin sowie eine Kettensäge auflud, ging beim ›Finnländer‹ endgültig die Sonne auf.

Wir brachten den selbsternannten Diplomholzfäller zum Grundstück, das Förster Michael als ›Kampfarena‹ für ihn auserkoren hatte. Es hatte eine beträchtliche Größe – natürlich nicht die spaßeshalber von mir im ersten Kapitel angedeuteten zweieinhalb Hektar, aber doch recht ansehnlich. Krummgewachsene Kiefern und Birken mittlerer Größe wuchsen da, mit reichlich Unterholz. Matti war begeistert. Michael erklärte uns, dass hier eine neue Schonung für Mischwald entstehen solle. Er hatte die zu fällenden Bäumchen mit oranger Farbe gekennzeichnet und ließ sich von Matti vorführen, wie dieser mit der Motorsäge umgehen konnte.

Mein finnischer Kumpel präsentierte sich in Höchstform, Forstmeister Michael geriet aus dem Staunen nicht heraus und war schon nach kurzer Zeit zufriedengestellt. Und ich muss gestehen, Matti machte seine Sache wirklich perfekt. Man merkte sofort, dass er tatsächlich routiniert mit Säge und Axt umgehen kann und sich aufs Baumfällen versteht: Keil herausschneiden, leichtes Ansägen, Seil um den Stamm legen und in die richtige Richtung ziehen, entasten, all das beherrschte er ausgezeichnet. Besonders beeindruckte Michael und mich sein »Timber!«-Gebrüll, jeweils kurz bevor eines der Stämmchen fiel. Ich vermute, dass dieses Geschrei mehrere Kilometer weit zu hören war.

Michael flüsterte mir ins Ohr, genau genommen hätte er diese Aktion von Matti natürlich nicht genehmigen dürfen, aber, nun ja, man müsse ja nicht päpstlicher sein als der Papst und wo kein Kläger, da kein Richter. Er sehe, dass Matti sein Handwerk verstünde, zudem sei das Areal, auf dem mein finnischer Freund seinem Zerstörungswerk nachginge, sein Privatbesitz.

Ich konnte Michael nochmals beruhigen, indem ich ihm bestätigte, dass Matti zwar die größte Klappe hat, die ich kenne, andererseits aber in der Tat auch ein wahrer Meister bei allen Waldarbeiten ist. In Finnland hat er sogar an entsprechenden Wettbewerben teilgenommen und einige Preise abgeräumt – ich war schon verwundert, dass er mit diesen Erfolgen nicht vor Michael geprahlt hatte! Vermutlich würde das noch kommen.

Matti war schon nach wenigen Minuten so vertieft in seine Arbeit, dass er überhaupt nicht wahrnahm, dass Michael und ich ihn allein ließen. Mein Försterfreund musste noch einiges erledigen, und ich selbst verspürte wahrlich kein nennenswertes Verlangen nach Sägemehl zwischen den Zähnen, staubgrauen Haaren und Kratzwunden von Ästen an Händen und Unterarmen. Matti war schon vorher von mir informiert worden, dass ich ihn am Spätnachmittag abholen würde.

Eine entspannte Päivi, meine einzigartige Lebensgefährtin und ich verbrachten einen geruhsamen Tag. Wir nutzten Mattis Abwesenheit ausgiebig zur Erholung, aalten uns in den Liegestühlen, ergötzten uns an zwanglosem Geplauder, labten uns an Kuchen und Kaffee und waren zufriedener, gelöster Stimmung.

Gegen Abend verließ ich zögernd den Hafen der Ruhe und Erholung, sprich unseren Garten und begab mich auf den Weg zum Baumfäll-Terrain. Schon von Weitem sah ich große Asthaufen liegen, beim genaueren Hinsehen erkannte ich auch viele fein-säuberlich ausgerichtete Holzscheiten-Stapel von beträchtlicher Höhe; auffallend war indessen, dass sich kein Motorsägengedröhn vernehmen ließ. Musste ich mir Sorgen machen? War Matti etwa verletzt? Oder lag er nur ermattet am Boden?

Ich beschleunigte meine Schritte, verringerte aber alsbald das Tempo: Das ›Rätsel der schweigenden Motorsäge‹ löste sich nämlich schon beim Näherkommen von selbst. Denn ich erblickte Eduard Öpperdick. Ich hätte es mir denken können! Eduard Öpperdick, unser berufsmäßiger Dorfrentner, stand im trauten Plausch mit Matti. Man muss Eduard kennen, um abschätzen zu können, wie lange er schon stand, wo er stand und redete, was er redete ...

Wie immer hatte er sein Filzhütchen keck aufs rechte Ohr gesetzt, seinen Spazierstock, ein hölzernes Monstrum mit eiserner Spitze, in die Erde gerammt, den imposanten Bauch vorgestreckt und beide Hände bis zu den Ellenbogen in den Taschen seiner mausgrauen Gabardinehose vergraben.

Derartige Eduard Öpperdicks, man wird es mir sicherlich bestätigen, gibt es reichlich in deutschen Landen. Unser hiesiger Eduard allerdings zeichnet sich durch eine Besonderheit vor allen anderen Eduard Öpperdicks aus: Er hat ein Glasauge. Vergeblich habe ich und haben andere, Berufenere als ich, herauszufinden versucht, was der Grund für diese Tatsache ist. Gerüchte berichten von tätlichen Auseinandersetzungen, in die Eduard in der Vergangenheit des Öfteren verwickelt gewesen sei, andere wiederum erzählen, es handele sich um die Folgen eines Kriegsleidens. Von dritter Seite wird kolportiert, Eduard sei früher ein erfolgreicher Wilderer in den heimischen Wäldern gewesen und habe sich dabei mittels Rohrkrepierer selbst ein Auge ausgeschossen (es tut mir leid, dass ich das so drastisch ausdrücken muss, aber so lautet nun mal die Rede im Dorf). Eduard selbst gibt die wahre Ursache nicht preis.

Sympathisch ist an Eduard, dass er dieses Handicap mit viel Humor zu nehmen weiß. Mehrfach habe ich erlebt, wie er mit schalkhafter Entrüstung auf unschuldige Späße, die seine Einäugigkeit betrafen, reagierte. Wenig später veralberte er, fast hatte ich den Eindruck, ein bisschen stolz, sich selbst.

Das Problem mit diesem Glasauge ist, dass man niemals genau weiß, wohin Eduard gerade schaut. Und Meister Öpperdick nutzt das redlich aus, um seine Gesprächspartner zu verunsichern. So war ich selbst dabei, als er beim Bäcker Zäpflein vor der Theke stand und von Gertrud, Schorschs langjährig Angetrauter, eines der verführerisch goldbraunen Rosinenbrötchen verlangte, die auf der linken Thekenseite aufgetürmt lagen. Gleichzeitig schielte er jedoch auf die Schwarzwälder Kirschtorte in der gegenüberliegenden Thekenecke und hielt Gertrud mit seinem Schlangenblick gefangen. Gertrud, wie hypnotisiert, griff daraufhin mit Verve in die Torte, was diese Leckerei äußerst übel nahm, wie unschwer vorstellbar. Das Malheur bewirkte, dass Eduard sein Rosinenbrötchen umsonst erhielt, nur, damit er möglichst umgehend den Laden verließ.

Also, Eduard Öpperdick unterhielt sich mit Matti, der sich, wie ich beobachten konnte, ebenfalls nicht entschließen konnte, so wie weiland Schorschs Gattin, in welches der beiden treuherzigen Augen von Eduard er schauen sollte. Unstet wanderten seine Blicke hin und her, und die Erleichterung war ihm anzumerken, als er meiner Person ansichtig wurde.

Eduard begrüßte mich mit Handschlag und einem kräftigen »Gute!« Das ist die bei uns gängige Abkürzung für »Guten Tag, wie geht es? Ich freue mich, Sie zu sehen und wünsche für die Zukunft Gesundheit, Glück und Wohlergehen!« Eduard kennt mich gut und hat Respekt vor mir, weil sein hypnotischer Blick bei mir wirkungslos bleibt. Ich richte nämlich meine Augen stets auf eine Warze direkt über seiner Nasenwurzel und schaue weder rechts noch links.

»Na?!«, antwortete ich. »Wie geht's? Habt ihr euch gut unterhalten?« Mattis Blick gen Himmel sagte alles. Eduard dagegen meinte eifrig, dieser ›Finnländer‹ (da hatten wir's wieder ...) sei ein unglaublich kräftiger, zäher und doch so freundlicher Mann.

Er hätte mit Sicherheit die Gelegenheit genutzt, Matti und mich in ein längeres Gespräch zu verwickeln, beispielsweise über die zahlreichen Hirsche, die er auf seinen Pirschgängen im Wald täglich am frühen Morgen gesehen haben wollte, sein absolutes Lieblingsthema, wie ich wusste. Ich hatte schon mehrfach erlebt, wie die Hirschrudel im Laufe seiner Schilderungen immer größer und größer wurden ... Dieses Phänomen beruht womöglich auf dem Inhalt eines Flachmanns, der jahraus, jahrein aus Eduard Öpperdicks Gesäßtasche lugt und zu seinem unentbehrlichen Inventar gehört.

Jedenfalls besticht (und nervt) Eduard durch die ihm eigene Eloquenz. Dieses Mal aber verhinderte ich seinen Vortrag, indem ich ihn darüber informierte, dass es im Supermarkt am Ortsausgang einen Stand mit kostenloser Likörprobe gebe. Das stimmte übrigens wirklich, wie ich unserem Anzeigenblättchen entnommen hatte.

Ich hatte kaum zu Ende gesprochen, als Eduard auch schon seinen Stock aus der heimischen Erde zog und sich fast im Laufschritt davonmachte, Richtung Dorf. Kurze Zeit später erschien Michael. Matti schilderte uns, Eduard Öpperdick habe fast drei Stunden lang seine Holzfällerarbeiten begutachtet und kommentiert. Er, Matti, habe nicht alles verstanden, es sei in der Erzählung dieses seltsamen Mannes aber immer wieder von Hirschen und Hasen, Hirschen und Igeln, Hirschen und Raubvögeln, dann aber auch wieder von Hirschen und Hirschen die Rede gewesen. Er habe kaum einen Baum fällen können, wie wir sicherlich bemerkten, weil dieser Mensch ihn ständig von der Arbeit abgehalten habe. Die zehn oder zwanzig Stapel und Astberge auf Michaels Grundstück seien kaum der Rede wert.

Michael starrte nur ungläubig auf Matti und die Unmengen an Holz. Er konnte es nicht fassen, dass dieser finnische Kraftmeier ganz ohne fremde Hilfe an einem Tag so ungefähr das halbe Wäldchen gerodet und auch noch zerkleinert und geschichtet hatte. Noch dazu, während Eduard Öpperdick wieder mal einen seiner berüchtigten Rotwild-Vorträge gehalten hatte!

Der Förster wollte Matti unbedingt etwas bezahlen, ließ das aber rasch bleiben, weil mein Freund ihm mit der Motorsäge drohte. Wenigstens konnte er auf meinen geflüsterten Rat hin Matti dazu bewegen, den Schutzhelm zu behalten. Ich hatte nicht zu Unrecht angenommen, dass das für Matti eine Freude sein würde: Der Bursche trug diese orange-gelbe Kopfbedeckung fortan für den gesamten Rest des Tages, weigerte sich empört, ihn beim Abendessen abzunehmen und ist – auf jeden Fall berichtete Päivi das am nächsten Morgen – sogar mit dem Topf auf dem Kopf ins Bett gegangen. Und auch am nächsten Morgen kam er inklusive Helm zum Frühstück. Sogar, als wir Lebensmittel einkaufen fuhren, trug er das Gebilde stolz und hocherhobenen Hauptes. Aber davon erzähle ich im folgenden Kapitel.

9

Die Nacht nach dieser Abholzaktion gestaltete sich für Päivi zwar insofern angenehmer, als Matti sich weder durch die Kissen noch die Bettdecken wühlte. Auch das liebkosende Umklammern von Axt und Säge unterließ er. Stattdessen jedoch setzte er sein reales Holzzerkleinern in ›virtuelles Sägen‹ um. Wie Päivi am Frühstückstisch leicht übermüdet darlegte, war er von der Anstrengung des Bäumefällens derart erschöpft, dass er gleich einem Stein ins Bett gefallen war und sich mit ohrenbetäubendem Schnarchen durchs Traumland gesägt hatte. Sie hatte versucht, ihm den Schutzhelm, den er als Anerkennung von Michael erhalten hatte, auszuziehen, in der Annahme, dies werde ihr dank seines Tiefschlafes unschwer gelingen. Doch schon kleinste Berührungen dieses Gebildes hatten zu unfreundlichen und unkoordinierten Abwehrbewegungen ihres schlummernden Göttergatten geführt; sie hatte sogar einem beachtlichen Kinnhaken nur in letzter Sekunde ausweichen können und daraufhin auf die Beschlagnahme des Objektes verzichtet.

Direkt nach dem Frühstück starteten wir zu viert, Matti mit Helm auf seinem Quadratschädel, um im Nachbarstädtchen einige dringende Einkäufe zu erledigen. Besonders der Kühlschrank zeigte etliche Leerräume, und es schien angezeigt, für baldigen Nachschub auf dem Gebiet der Verproviantierung zu sorgen. Wir waren guter Laune, durchstreiften die Gässchen der Altstadt und landeten zu guter Letzt in der Fußgängerzone.

So. Und was finden wir in Fußgängerzonen? Neben Schuhläden, Apotheken, Handyshops und Parfümerien? Richtig: Filialen eines allseits bekannten Kaffeevertriebsunternehmens.

Und was oder wen trifft man wiederum in diesen Geschäften mit Kaffeeausschank?

Nun, ich möchte an dieser Stelle verraten, wen *wir* dort antrafen, an den Stehtischen vor dem Ladeneingang: den Seniorenclub unseres Dorfes. Inmitten dieser Mannschaft in äußerst großzügig geschnittenen Unisex-Hosen (wenigstens sahen sie so aus), die von elastischen Hosenträgern samt Clipverschluss knapp unterhalb der Bauchrundung gehalten wurden, stand und führte das große Wort: Eduard Öpperdick, der schon im vorhergehenden Kapitel eingehend beschriebene, höchst wunderliche Hirschrudel-Sammler. Entdeckte trotz nur einseitigen Sehvermögens schon von weitem Matti, warf daraufhin hemmungslos sämtliche Arme in die Luft und brüllte quer durch die flanierenden Menschenmassen: »Hierher! Hier sind wir!« Dann wandte er sich an seine Alterskollegen und äußerte etwas dezenter, aber immer noch deutlich vernehmbar: »Das ist mein Freund Maaaati! Kommt aus Finnland. Versteht nicht viel Deutsch, wisst ihr. Ich hab' ihm gestern von den Hirschen erzählt, im Sauholz oben gibt's viele, vorgestern hab' ich bestimmt sechzig gesehen. Aber er hat gar nicht kapiert, von was ich gesprochen hab'. Na ja. Aber sonst ist er sehr nett.«

Alle betrachteten Matti neugierig und mit einer gewissen Vorsicht. Eduard übernahm die ›Gastgeberrolle‹. »Wollt ihr auch einen Kaffee?« Matti nickte sofort, schließlich ist er Finne und damit automatisch, wie schon ausgeführt, leidenschaftlicher Kaffeetrinker. Eduard winkte uns daraufhin an seine Seite, zwecks Kaffeebesorgung.

Drinnen stellten wir uns sittsam in die Schlange an der Ausgabe. Eduard bedeutete dem orangebehelmten Matti und mir, wir sollten lediglich für uns und unsere Frauen den Kaffee bestellen, er, so erklärte er souverän, werde selbst für sich sorgen.

Und wahrhaftig: Während ich brav die vier Tassen Kaffee bezahlte, konnte ich erleben, wie er die Verkäuferin starräugig per Glasauge musterte, gleichzeitig aber den Blick seines gesunden Auges auf den Stapel mit Schmutzgeschirr lenkte. Das brachte die hübsche junge Dame dermaßen aus dem Konzept, dass sie ihm seinen Kaffee zuschob, ohne zu kassieren. Ich war perplex. Später, im Gespräch mit der Rentnergang an den Stehtischen, erfuhr ich: »Der Eddi macht das immer so!« Wobei ich vermute, im aktuellen Fall spielte für die erstaunliche Verwirrung der Thekenbedienung neben dem Glasaugen-Trick auch die Tatsache eine Rolle, dass neben Eduard Öpperdick ein schweigsamer Mensch mit Waldarbeiter-Schutzhelm die Kaffeeabfüllung begutachtete; seinen Namen muss ich wohl nicht ausdrücklich erwähnen ...

Der Rentnerklüngel, insbesondere natürlich Don Eduard, nahm Matti und mich für die nächste halbe Stunde in Beschlag. Unsere Begleiterinnen erhielten gnädigerweise, wie mir schien, ein knappes Begrüßungs-Kopfnicken. Danach befasste man sich nicht weiter mit ihnen. Ich kann nicht sagen, ob dies aus Respekt vor der Anwesenheit weiblicher Wesen aus dem hohen Norden geschah. Es ist aber auch möglich, dass die vereinigte Männerriege die Damen nicht der Beteiligung an so ernsthaften Themen wie »Hirsche im Sauholz« (Eduard), »Pokern im Fernsehen« (ein kleiner Dicker namens Joachim), »Schließung der Eckkneipe ›Zum schönen August‹ in der Altstadt« (ein noch kleinerer und noch dickerer Dicker mit Namen Rolf), beziehungsweise »Wer wird wohl der nächste Trainer vom HSV« (ein hochgeschossener, gleichwohl gebeugter Typ mit O-Beinen, Name unbekannt) für würdig erachtete.

Das führte ganz selbstverständlich und nachvollziehbar dazu, dass Päivi und meine blitzgescheite Ehefrau ihre Tassen zügigst leerten und sich anschließend mit einem angedeuteten Kopfschütteln in Mattis und meine Richtung verabschiedeten, um sich in die nächste Modeboutique zu retten.

Matti und ich brachten wenig später die leeren Tassen zurück. Mein finnischer Freund konnte sich nicht genug wundern, als er sich im Laden umschaute: »Was das ist?!«, tönte er und zog mich zu den Regalen an der hinteren Wand. Ich folgte seinen Blicken. »Sehr, sehr komisch!« Matti feixte: »In Finnland ich gehe in Baumarkt, kaufe Holz oder Maschine zum Bauen oder solche Sachen. In Deutschland ich gehe in Baumarkt, kaufe pullaa (Hefeteilchen) oder leipää (Brot) ...« Er holte einen Eierkocher aus der Auslage, hielt ihn mir heiter-spöttisch unter die Nase und ließ sich erneut vernehmen: »Was das ist, he?! In Deutschland ich gehe in Kaffeegeschäft und finde Eierkochmaschine oder ...«, er zerrte einen knallroten Damen-Anorak aus einem der Fächer, »Jacke für Frauen!« Er schaute mich gespielt-provozierend an. »In Deutschland bestimmt ich gehe zu Bäcker und kaufe Fernsehgerät und Regenschirm!« Dieser Schlingel! Aber eigentlich hatte er ja recht. Ich beschloss, das Spiel mitzumachen und blieb ernst. »Stimmt, Matti! Beim Friseur erhältst du Kaffee und Kopfmassage, im Lebensmittelmarkt, wenn du Glück hast, ein Ticket für die Bahn und an der Kasse Geld von deinem Bankkonto. Und in der Buchhandlung am Markt kannst du Reisen buchen, im Reisebüro nebenan dagegen Bücher kaufen ...«

Ich benutzte bei meiner Antwort einen klassischen Trick, den ich von Päivi gelernt hatte, um Matti in glänzende Laune zu versetzen: einfach immer recht geben. Und siehe da: Auf seinen Zügen breitete sich ein glückliches Grinsen aus. Ich kannte diesen Ausdruck der Zufriedenheit. Er zeigte an, dass mein Gefährte sich bestätigt fühlte.

Seine detaillierten marketingtechnischen Feststellungen zum Sortimentsaufbau deutscher Handelsunternehmen hielten den behelmten Nordlandbewohner übrigens in keiner Weise davon ab, die vorhandene Warenauslage nach Brauchbarem zu durchstöbern. Und er wurde fündig: Mit Kennermiene griff er nach einer blauen Jogginghose, begutachtete fachmännisch den Schnitt und die Qualität. Dazu muss man wissen, dass derartige Kleidungsstücke zur modischen Grundausstattung jedes Finnen gehören. Wer jemals in Finnland war, wird mir das bestätigen können ...

Sekunden später stand Matti vor der Kasse, und ich hörte, wie er – typischer Matti-Humor – zur Verkäuferin sagte, als er ihr die Beinkleider überreichte: »Bitte ein Kilo davon, fein gemahlen!« Der leicht verwirrte, unsichere Gesichtsausdruck der Dame, die sich, wie ich beobachtete, vorsichtig etwas hinter die Kasse und eine Präsentationssäule zurückzog, löste bei Matti lediglich ein triumphierendes Grienen aus. Das reichte, wie bei ihm üblich, von einem zum anderen Ohr. Dann äußerte er begütigend: »Nur ein Witz! Nur Spaß! Kaufe ich ganze Hose!« Die Kassiererin nahm als Folge dieser Erläuterung ihren Mut zusammen, trat näher, packte die Hose in eine Plastiktüte, so rasch sie konnte und hätte meinen ›Finnländer‹ augenscheinlich fast entlassen, ohne abzukassieren. Eddis auf psychologischer Verunsicherung basierender Glasaugentrick schien auch in abgewandelter Form durchaus erfolgversprechend zu sein. Ich hatte den Eindruck, wenn irgendwer in diesem Moment »Buh!« gemacht hätte, wäre die junge Dame ungesäumt in Ohnmacht gefallen; glücklicherweise kam Matti nicht auf die Idee ... Nebenbei bemerkt: Diese Szene gereichte dem unverfrorenen Burschen ganztags, etwa im Halbstundentakt, zu Lachanfällen.

Eduard klopfte uns kumpelhaft auf die Schulter, als wir aus dem Laden kamen. »Kommt ihr auch am Sonntag zum Frühschoppen?«, meinte er zutraulich. Matti wechselte einen Blick mit mir, aus dem deutlich hervorging, dass er nicht verstand, von was Eddi sprach. Ich vertröstete unseren Hirsch- und Spirituosen-Experten. »Kann ich noch nicht sagen, Eddi, wir werden sehen.« Monsieur Öpperdick meinte noch kurz, wir sollten uns das keinesfalls entgehen lassen. Mit diesem wohlgemeinten Rat schickte er uns hinaus in die Welt.

Matti war wissbegierig und fragte mich, sobald wir außer Hörweite von Eduard waren: »Was das ist? Warum er will mit uns einkaufen gehen am Sonntag?«

Ich begriff erst nicht, was er meinte – bis mir endlich ein Licht aufging. In der Folge erlitt ich einen Erstickungsanfall, weil ich so lachen musste, dass mir die Luft weg blieb. Matti registrierte meine Ausgelassenheit und mein Pläsier mit Missmut. Er hat es ja noch niemals gern gesehen, dass man sich amüsiert, ohne ihn über den Grund der Fröhlichkeit zu informieren. Ergo bildeten sich auf seiner helmbeschatteten Denkerstirn zwei steile Falten, und seine Augenbrauen zogen sich zusammen. »Was du lachst?«, protestierte er empört und wiederholte: »Warum dieser Mensch will mit uns einkaufen am Sonntagmorgen? Du bist Blödmann, hör' auf mit Lachen, pöhköpää (Dummkopf)!«

Ohne auf seinen Zornesausbruch einzugehen, fasste ich ihn unter dem Arm und manövrierte ihn ein paar hundert Meter weiter zu einem Schaukasten in der Fußgängerzone. Das hatte seinen Grund: Ich erinnerte mich, dass dort ein Plakat des Ortsverbands einer unserer großen deutschen ›Volksparteien‹ aufgehängt war. Druckbuchstaben, akkurat mit Filzstift handgeschrieben, kündeten darauf für den kommenden Sonntag eine lokalpolitische Veranstaltung von Bedeutung an: »Herzliche Einladung zum Frühschoppen um 11 Uhr im ›Fröhlichen Ochsen‹«, stand da zu lesen.

Matti blieb unwillig vor dem Aushang stehen. Auf meinen freundlichen Wink hin buchstabierte er die Bekanntmachung und runzelte sogleich die Stirn. »Nicht richtig geschrieben«, konstatierte er darauf, »muss heißen ›Shopping‹!« Und als er entdeckte, dass ich erneut unverhohlen feixte, holte er tief Atem. Es war klar, dass er disziplinarische Maßnahmen ergreifen würde und ich mit einer strengen Standpauke zu rechnen hatte, wenn ich nicht schleunigst klärend eingriff. Und wie es der Zufall – oder ein überirdisches Strafgericht – wollte, erhielt ich in diesem Moment völlig überraschend eine kräftige Kopfnuss.

Ich höre, wie meine zartfühlenden, erstaunten Leserinnen mit besonderem Interesse, meine möglicherweise nicht ganz so teilnahmsvollen Leser aber, obzwar nicht weniger verwundert, mit vergleichsweise gebremster Neugierde fragen: »Wieso, weshalb, warum und von wem?«

Eine durchaus berechtigte Frage, die sich auch mir in jenem Augenblick stellte. Die Antwort, hochgeschätztes Publikum, lautet: Der liebenswürdige Klaps erfolgte durch meine sanftmütige, gleichwohl wachsame Gattin, die durch diese Geste offensichtlich mein Denkvermögen anregen wollte. Sie war mit Päivi eingetroffen und hatte gesehen, wie ein säuerlich dreinblickender Matti neben ihrem Ehemann stand und dieser sich offenbar bedenkenlos in heftigen Lachkrämpfen wand. Diese sachte Vorgehensweise per Schädelstupser hat sie – übrigens äußerst rasch! – von Päivi abgeschaut.

»Was ist hier los?« Ihre Miene und ihre Stimme waren streng. Matti brummte etwas Unverständliches auf Finnisch vor sich hin, Päivi schaute mich fragend an, meine holde Ehefrau verlangte Aufklärung. Sie bedurfte dafür keiner Worte, denn ihr Blick sprach Bände. Eine langsam aber stetig wachsende Ansammlung wohlwollender Bürgerinnen und Bürger, die bemerkt hatten, dass sich hier Bedeutungsvolles anbahnte, wartete andächtig und voll Spannung auf das kommende Drama, während ich, verbindlich wie immer, schweigend und mit einem dezenten Schmunzeln auf meinen fein geschwungenen Lippen auf den Schaukasten deutete.

Nun, ich musste rasch feststellen, das trug nicht zur Klärung der Situation bei. Mattis Miene heiterte sich keineswegs auf, Päivis Augen wanderten hilflos zwischen Matti und mir hin und her, meine überaus kluge, bessere Hälfte ließ lediglich ein fragendes »Na und?« hören. Also las ich vor: »Herzliche Einladung zum Frühschoppen um 11 Uhr im ›Fröhlichen Ochsen‹.« Pause und völliges Unverständnis ringsumher. »Lieber Gott«, dachte ich, »ist die Welt begriffsstutzig!« Ich wiederholte daher: »Herzliche Einladung zum Frühschoppen um 11 Uhr im ›Fröhlichen Ochsen‹ ... Hallo! ›Schoppen‹, ihr Schnelldenker! ›Schoppen‹!« Und jetzt endlich fiel der Groschen, wie man so schön sagt oder richtiger, früher, zu DM-Zeiten, gesagt hat.

Meine allseits geehrte Ehefrau piekste sich, in plötzlicher Erkenntnis der Komik, mit dem Zeigefinger an die Stirn, ihr silberhelles Lachen brach sich hemmungslos Bahn. Die versammelte Menschenmenge zerstreute sich daraufhin, ziemlich enttäuscht über die Tatsache, dass es nicht zu einer wenigstens minimalistischen Schlägerei gekommen war.

Päivi und Matti, noch immer in Unkenntnis der Ursache unserer Heiterkeit, wurden nun endlich von uns über die Bedeutung des deutschen Wortes ›Schoppen‹ aufgeklärt. Wobei zu berichten ist, dass mein finnischer Freund ebenso wie seine Angetraute uns anfangs kaum glauben wollte. Päivi insbesondere zweifelte stark am Wahrheitsgehalt unserer Schilderung. Eine Einladung durch eine politische Partei zum kostenlosen Alkoholkonsum am Sonntagmorgen war für sie absolut unvorstellbar.

Matti dagegen konnte sich nach kurzem Zweifeln durchaus mit der Idee anfreunden, ja, mehr als das, er entwickelte, wie bei ihm nicht anders zu erwarten, umgehend Pläne zur Gründung einer eigenständigen ›puolue‹ (Partei) mit entsprechender Ausrichtung in Finnland. Wie er, nun wieder gut gelaunt, seiner etwas indigniert schauenden Päivi, meiner belustigt zuhörenden Ehegattin sowie mir verkündete, sollte diese Partei nicht nur mittels einer cleveren Marketingstrategie den Einzug ins Parlament schaffen, sondern zielstrebig die gesetzliche Verankerung des kostenlosen sonntäglichen Frühschoppenanspruchs und die Abschaffung des staatlichen Alkoholmonopols in Finnland betreiben.

Wohl meldeten sowohl Päivi als auch meine bedachtsame bessere Hälfte Bedenken an, dies könne in konservativen finnischen Kirchenkreisen womöglich Unwillen auslösen und von Wählerinnen und Wählern in Suomi kritisch gesehen werden. Es sei zu bedenken, dass vor noch nicht langer Zeit in Finnland Alkoholika nach einem Einkauf in der Regel schamhaft versteckt und nach Möglichkeit in neutralen Taschen heimgeschleppt wurden. Doch ein grenzenlos siegessicherer Matti wischte alle diese Vorbehalte beiseite, mit dem Argument, finnische Männer warteten nur darauf, endlich auch zu dieser sonntäglichen Einrichtung zugelassen zu werden.

Gleichzeitig bestimmte er sich selbst zum Parteivorsitzenden auf Lebenszeit und sein in Finnland zu gründendes Stammtischlokal inklusive der dort zukünftig agierenden Kellnerin

Doris zur Parteizentrale. Irgendwelche Einwände, dass Doris sein Angebot nicht akzeptieren würde und ablehnen könnte, mit nach Finnland zu kommen, stießen bei ihm auf taube Ohren. Es stand für ihn außer Frage, dass das Ganze ein Erfolgsmodell würde, und er rechnete schon jetzt mit EU-Fördergeldern aus Brüssel in beachtlicher Höhe.

Nachdem der Herr Parteivorsitzende in spe zahlreiche Beweisfotos des intellektuell so vielversprechenden Plakats geschossen hatte, brachen wir nach Hause auf. Matti wollte unverzüglich damit beginnen, ein Parteiprogramm und zumindest die Grundzüge einer Wahlkampfstrategie zu entwickeln, wie er uns darlegte. Das Projekt beanspruchte ihn dermaßen, dass er sogar das an sich vorgesehene Vorhaben, bei Michael am Nachmittag erneut zu Holzarbeiten aufzutauchen, kurzfristig aufgab.

10

Bis in die tiefe Nacht hinein saß Parteigründer Matti in meinem Arbeitszimmer am Schreibtisch. Ich hatte ihm den Platz eingeräumt, nachdem unser Wohnzimmer zu einem Chaosland aus Zetteln und Zettelchen, Plakatentwürfen und Papierstapeln jeglicher Art geworden war. Nicht nur Tisch und Stühle waren vom finnischen Universalgenie für seine Planungstätigkeit mit Beschlag belegt worden, auch auf dem Fußboden und auf sämtlichen Schränken türmten sich die Notizzettel, waren groß- und kleinformatige Papierbögen geschichtet und aufgehäuft, mehr oder weniger akkurat gelagert und gestapelt. Als sich das Durchkommen für uns weitere Hausbewohner mehr und mehr zum fast unlösbaren logistischen Problem entwickelte, forderte meine feinsinnige Gattin mich zärtlich, aber mit Nachdruck auf, unverzüglich und sofort dafür Sorge zu tragen, dass »dein überkandidelter Chaotenkumpel aus diesem Wohnbereich verschwindet!« – so war ihre, nun ja, nicht gänzlich rücksichtsvoll zu nennende Ausdrucksweise.

Einsichtig, wie ich in derartigen Lebenslagen bin, leistete ich diesem Wunsch auch sogleich Folge und räumte meinen Arbeitsplatz frei. Anschließend verfrachtete ich Matti samt Projektentwürfen an selbigen. Diese Maßnahme löste zwar bei dem künftigen Parlamentsabgeordneten Unwillen aus, er gab sich jedoch drein, nachdem ihm die versammelten Angehörigen des weiblichen Geschlechts damit drohten, seine kompletten Projekt-Unterlagen rigoros zu vernichten. Gleichzeitig erklärten sie ihn unisono zur Persona non grata und machten deutlich, er werde für den Rest seiner Tage im Heizungskeller eingesperrt, bei Wasser und Brot, sofern er sich nicht unverzüglich entferne. Das hörte sich auch für mich etwas unwillig an, jedenfalls keineswegs spaßhaft ...

Eingedenk der Erfahrungen, die ich in Bezug auf Mattis Umgang mit den technischen Einrichtungen im Auto auf der Fahrt von Travemünde in unser bescheidenes Heim hatte sammeln können, verweigerte ich ihm rigoros den Zugriff auf meinen PC. Das hatte zwar entsprechend erboste Kommentare meines guten Spezis sowie die beschriebenen Papierberge zur Folge, dennoch blieb meine Stimmung frohgemut und mein Gewissen unbeschwert.

Wie also schon erwähnt, entwarf Freund Matti bis in die tiefe, wiewohl laue Sommernacht hinein das Programm seiner neuen Partei, seine Antrittsrede als Vorsitzender, dazu die zukünftige Wahlkampagne einschließlich ganzer Fernsehspots sowie eine flammende Ansprache, die er als Parlamentspräsident zu halten gedachte. Es stand für ihn felsenfest, dass er diese Position ab der kommenden Legislaturperiode im finnischen Reichstag bekleiden würde; Skepsis an dieser Vision, von mir dezent geäußert, wischte er mit der Bemerkung beiseite: »Du keine Ahnung hast. Bist pöhköpää!« (Dummkopf, wie bereits öfter erwähnt) Das ist seine Standardbemerkung, wenn er über ein Thema nicht mehr diskutieren will, wie ich in unseren langen Freundschaftsjahren habe erfahren können.

Trotz seiner nächtlicherweise verfassten Abhandlungen, Werbekonzepte und Redemanuskripte, mit der Folge einer deutlich verkürzten Schlafperiode, wirkte Matti am Morgen zufrieden. Er war heiterster Stimmung. Sein Antrag, den seit längerem für den heutigen und den folgenden Tag vorgesehenen Ausflug zu annullieren, zu Gunsten weiterer Vorarbeiten, die seiner Überzeugung nach für die bevorstehende Parteigründung erforderlich seien, wurde allerdings von uns abgelehnt. Seine daraufhin kurzzeitig verdrießliche Laune besserte sich rasch, als wir ihm zubilligten, er dürfe uns während der Fahrt seine bisherigen Ausarbeitungen vortragen. Sogleich verschwand er in meinem Büro und begann damit, die Aktenstapel zum Auto zu tragen, »natürlich nur das absolut Wichtigste«, wie er uns mitteilte. Zu den Utensilien, die er dazu zählte, gehörte auch der Waldarbeiterhelm, denn er platzierte das Ungetüm oben auf dem Berg von Schriftstücken, wie ich bemerkte.

Ziel unserer Reise sollte Rothenburg ob der Tauber sein. Päivi hatte schon seit Jahren immer wieder gewünscht, einmal dorthin zu kommen, seit sie im finnischen Fernsehen eine Sendung über Süddeutschland und das Städtchen gesehen hatte. Ihr Ehegespons dagegen verkündete uns bei der Abfahrt, er werde wohl kaum Zeit haben, mit uns durch den Ort zu streifen, da er sich um die weiteren Vorbereitungen zur Parteigründung und zur Eröffnung des Lokals in seinem und Päivis finnischem Wohnort kümmern müsse.

Weise und vorausschauend wie Frauen sind, hatte meine wie immer umsichtige Ehefrau entschieden, dass sie als Fahrerin fungiere und Päivi als Beifahrerin, sie demnach vorne säßen. Für Matti und meine Wenigkeit war folglich die hintere Sitzbank reserviert, was Matti – wer hätte anderes erwartet – anfangs nicht zusagte. Nachdem ich ihm jedoch vermitteln konnte, dass traditionell ›die Herrschaft‹ im Fond kutschiert werde, nahm er, stolz wie Graf Koks, auf dem Rücksitz Platz. Bei der Abfahrt winkte er entsprechend huldvoll Jupp zu, der soeben sein Haus verließ, auf dem Weg zu was weiß ich wohin.

Die Fahrt gestaltete sich sehr originell, um nicht zu sagen eigenwillig. Päivi und meine gutherzige bessere Hälfte stellten am Autoradio einen Sender ein, der ausnahms- und pausenlos klassische Musik sendete und sich eindeutig auf die opulenten

Werke von Krachmaninoff spezialisiert zu haben schien. Dazu kam noch, zum Glück für die kulturelles Interesse heuchelnden Damen, dass meine ideenreiche Ehegattin die Bedienung des Gerätes aus dem Effeff kennt, so dass sie die hinteren Lautsprecher ausschalten und die vorderen so ziemlich auf ›full power‹ stellen konnte. Die Absicht war mir natürlich sofort klar: Es ging den beiden keinesfalls um Sinfonien, Klavierkonzerte und Sonaten, nicht um Opern oder Oratorien! Ihr Ziel war es, auf den vorderen Rängen Mattis Vortrag zu übertönen. Ich dagegen sollte mein Ohr ihrer Meinung nach hilflos, mehr oder weniger geduldig den ungebremsten Wortkaskaden und reißenden verbalen Sturzbächen des erhaben neben mir sitzenden viel (ver-) sprechenden ›finnländischen‹ Nachwuchspolitikers leihen ...

Ich bin aber auch nicht völlig blöde und hatte in weiser Voraussicht meine Gehörgänge mit sämtlichen im Haushalt verfügbaren Stöpseln verfüllt, so dass mir das Zeug schon aus den Ohrmuscheln quoll. Aus diesem Grund drang die Stimme meines hochverehrten Freundes nur als sanftes Gemurmel an mein Trommelfell. So konnte ich mich in Ruhe an der herrlichen Landschaft erfreuen.

Hatte ich anfangs noch Bedenken, Matti könne unleidlich werden, mangels anerkennender Äußerungen von meiner Seite, so schwanden diese Sorgen rasch. Mein Trick: Ich entschloss mich kurzerhand, seinen Ausführungen in unregelmäßigen Abständen durch zustimmendes Kopfnicken in Kombination mit einem bewundernden Gesichtsausdruck beizupflichten, obgleich sein Vortrag, wie gesagt, nur ein unverständliches Gesäusel für mich war. Auf diese Weise ließ sich der künftige Herr Parteivorsitzende auch unschwer chloroformieren; mich durchzuckte übrigens dabei der Gedanke, dass es wohl in der realen Politik des Öfteren nicht anders zugeht ...

So kurvten wir in allseitiger Zufriedenheit durch die Lande. Erst Mattis Rufe: »Eläkööön! Eläkööön! Eläkööön!« (»Hurra! Hurra! Hurra!«) am Ende seiner Parlamentsrede schreckten uns für einige Sekunden auf, denn er gab sie in solcher Lautstärke von sich, dass sie sowohl meine Ohrpfropfen als auch die Lautsprecher-Operngesänge im vorderen Teil des Wagens durchdrangen.

Päivi genoss sichtlich die Fahrt durch das grüne Land, zumal meine ideenreiche Lebensgefährtin die Autobahn ab Würzburg mied und der Romantischen Straße folgte. Die sonnenbeschienenen Höhen und schattigen Täler der Mittelgebirge begeisterten unsere finnische Freundin. Ein ums andere Mal staunte sie über die verwinkelten Straßen, die Steinhäuser mit ihren Treppengiebeln, die schmalen Fachwerkhäuser sowie die Weinberge und Wälder.

Matti dagegen bekam nichts von der Umgebung mit, er fuhr quasi durch nebulöse Gegenden, völlig vertieft in den Vortrag seiner Ausarbeitungen, die er leidenschaftlich und mit Inbrunst deklamierte. Er schien überhaupt nicht zu registrieren, dass keiner der anderen Insassen ihm zuhörte. Ich sehe noch seine kugelrunden, verwunderten Augen vor mir, als wir anhielten, weil wir in Rothenburg angekommen waren. »Wir schon da sind? So kurz die Fahrt war?«, fragte er, höchlich erstaunt. Und einmal mehr amüsierte und faszinierte mich seine eigenwillige Art, die Regeln der deutschen Syntax neu und individuell zu bestimmen.

Schon vor einigen Jahren, nach einem Saunabesuch in seinem Sommerhaus in Finnland, der Tag war damals nicht mehr jung, hatte er mir mal unter dem Einfluss einiger Fläschchen ›Lapin Kulta‹ (eine nicht zu verachtende finnische Biermarke) anvertraut, er wisse sehr wohl, wie man richtig Deutsch spreche (diese Tatsache war mir längst bekannt). Aber, fuhr er fort, sein finnisches Deutsch sei nun mal wesentlich eingängiger und zudem sowieso schlicht und einfach besser als dieser seltsame Mischmasch, den ich redete. Beispielsweise mit Zahlen, bei denen man erst am Schluss wüsste, was sie wirklich bedeuteten. »Erst du sagst ›vier‹, danach ›und zwanzig‹. Blödsinn! Richtig: ›zwanzig und vier‹! Oder du sagst ›ich denke nach‹ statt ›ich nachdenke‹ ... Ihr Deutschen nichts versteht von eurer Sprache, jawohl!«

Ich hatte ihn damals einfach reden lassen, denn erstens hat es sowieso wenig Sinn, ihm bei solchen (oder anderen) Gelegenheiten zu widersprechen, zweitens hatten Bier plus Saunahitze mich schläfrig gemacht, drittens war es mir in meinem leicht betüttelten Zustand ziemlich gleichgültig, welche Ergebnisse seiner Sprachstudien Superintelligenzler Matti mir vortrug, viertens ... ach, ich weiß nicht mehr, was der vierte Grund für mein Stillschweigen war; ist ja auch egal.

Nun also waren wir in Rothenburg ob der Tauber. Es war noch relativ früh am Tag, daher beschlossen wir, erst später zu unserer kleinen Pension in einem der umliegenden Dörfer zu fahren, wo wir die beiden einzigen Zimmer gemietet hatten. Päivi konnte es kaum erwarten, sie hüpfte wie ein »junges Hüüühnerküken. Viel zu schnell!« (Mattis Worte) über die Straße. Dagegen schritt ihr Ehegatte behäbig und geruhsam voran, rieb sich die Augen ob der wunderlichen, mittelalterlichen Gebäude, betrachtete hier ein Schild an einer Hauswand, zählte dort die Stufen einer Außentreppe und äußerte gleichmütig: »Aha. Sehr alt ist.« Wobei nicht sogleich erkennbar war, ob er damit eine ältere Dame mit Kopftuch meinte, die im zweiten Stock aus einem winzigen Fensterchen auf uns hernieder lugte, oder ob Gegenstand seiner geistreichen Bemerkung das Spitaltor war, das uns als Zugang zur Altstadt gedient hatte.

Mir schien, nebenbei bemerkt, die Wissbegier, die sich in der Miene der nicht mehr allzu jungen Madame am Fenster ausdrückte, nachvollziehbar: Matti hatte darauf bestanden, seinen orange-gelben Baumfällertopf aufzusetzen, als wir Richtung Stadt starteten. Vermutlich kam es nicht alle Tage vor, dass vor dem Häuslein der Rothenburger Seniorin ein gut genährter (man könnte auch ›beleibter‹ sagen), seiner eigenen Einschätzung nach allerdings ›athletisch gebauter‹ Mensch stehen blieb, mit einem Kunststoffhelm auf seinem Schädel und dem Habitus eines Teddybären, um das Anwesen seelenruhig und ausgiebig zu betrachten ...

Bei unserem Gang durch die historischen Gassen geriet Päivi immer wieder ins Schwärmen. Das war verständlich, denn im Vergleich zur mitteleuropäischen ist die finnische Geschichte noch jung, und die Anzahl der historischen Gebäude insbesondere aus weit zurückliegenden Zeiten dort verhältnismäßig gering. Finnland als Nation existiert erst seit Anfang des zwanzigsten Jahrhunderts, vorher teilten sich wechselweise die schwedischen und die russischen Herrscher die Macht über das heutige Staatsgebiet – und führten dort mehrfach erbitterte und grausame Kriege ... Wobei die Geschichte Deutschlands und Mitteleuropas als Gesamtes ja ebenfalls über schier endlose Zeitspannen von schlimmen Kriegsereignissen gekennzeichnet ist.

Einer der wohl auch nach damaligen Verhältnissen blutigsten davon war der sog. Dreißigjährige Krieg, und er machte auch vor den Toren Rothenburgs nicht Halt. Päivi hatte sich im Vorfeld der Reise schon in Finnland ausführlich über die Stadt und ihre Geschichte informiert und schilderte sie Matti mit glühender Begeisterung, einschließlich der angeblichen historischen

Begebenheit des Rothenburger Meistertrunks. 1631 solle der damalige Bürgermeister von Rothenburg einen mehr als drei Liter Wein fassenden Krug auf einen Zug geleert und so die Stadt nach der Einnahme durch Tilly vor Plünderung gerettet haben, verkündete sie so stolz, als sei sie selbst dabei gewesen.

Matti lauschte Päivis Erzählung anfangs gelangweilt. Er wurde jedoch merklich wacher, als sie zu dem erwähnten Weinhumpen kam. Das Volumen von fast dreieinhalb Litern Wein verfehlte seinen Eindruck auf ihn nicht. Er hörte Päivi intensiv und gleichzeitig gedankenverloren zu und versank in angestrengtes Grübeln. Deutlich ließ sich die Tiefgründigkeit der ablaufenden Denkprozesse auf seinem Gesicht ablesen. Seine Augenbrauen zogen sich zusammen, zuckten wieder nach oben, die Stirn legte sich in Falten, glättete sich dann, der Blick wanderte zum Himmel, der Mund spitzte sich wie zum Kuss, anschließend zogen die Lippen sich in die Breite. Kurz, es war ein großartiges Mienenspiel. Es schien, als imaginiere seine Zunge den Rebensaft von anno dazumal, als gustiere sein Gaumen das edle Gesöff. Das war Matti, wie ich ihn seit langem kenne und ihn oft, auch in Finnland, erlebt habe: Er konnte nachgerade aufgehen in köstlichen Genüssen, und seien sie auch nur fantasiert ...

Päivi brachte ihren versponnenen Lebensgefährten mittels eines Mut machenden, kräftigen Rippenstoßes zurück ins wahre Leben; der Versuch, dies mit Hilfe einer ihrer routinierten Kopfnüsse zu bewerkstelligen, war wegen des Holzfällerhelmes frustran geblieben. Jetzt wurde mir auch allmählich klar, warum Matti das Monstrum ständig aufbehielt ... Mein edler Freund kehrte daraufhin aus den entlegenen Zeiten des Mittelalters mit ihren mehr als drei Liter fassenden Weinhumpen wieder und schaute sich erwachend um. Als er mich erkannte, entrang sich ein dezentes Stöhnen seinen Lippen: »Herranjestas, sinäkö täällä!«, zu Deutsch: »Ach du lieber Gott, du bist auch hier!«

Als Mensch mit einer gewissen angeborenen Höflichkeit verzichtete ich auf eine Antwort und lenkte, eskortiert von den beiden finnischen Damen, meine Schritte weiter in Rothenburgs sehenswerte Altstadt hinein. Matti folgte, noch leicht traumverloren.

Wir schlenderten durch die schmalen Sträßchen, Päivis Wunsch entsprechend zur Herrengasse, wo sie unbedingt das wohlbekannte Geschäft besuchen wollte, in dem man ganzjährig jeglichen Weihnachtskram erstehen kann. Matti brummelte pausenlos unverständliche Bemerkungen vor sich hin. Sein Gesicht hellte sich erst auf, als er den alten Omnibus entdeckte, der traditionsgemäß vor dem Laden stand, beladen mit bunten Paketen. »Sehr schön!«, meinte er anerkennend.

Er umrundete das Fahrzeug, dann fiel sein Blick auf den überdimensionalen Nussknacker neben dem Eingang zum Geschäft. »Was das ist?« Ich ahnte, was kommen würde. Und tatsächlich, ein freches Grinsen erschien auf seinem Gesicht, wie ich es von anderen Gelegenheiten her kenne, wenn ihn die offensichtlich unbändige Lust überkommt, Schabernack zu treiben. Und zwar in einer Art und Weise, für die ein gewöhnlich Sterblicher sich bis zu seinem letzten Atemzug genieren würde. Matti dagegen kennt derartige Schamgefühle nicht (oder nur äußerst selten) und genießt es im Gegenteil, für beschränkt oder zumindest verschroben gehalten zu werden. Dabei ist er meiner Überzeugung nach hochintelligent – aber eben ›extravagant‹ ...

Hier nun platzierte er sich neben die Holzfigur, schob seine Unterlippe vor, riss die Augen auf und klapperte mit dem Unterkiefer wie ein Klappmaulkrokodil. Heerscharen asiatischer und amerikanischer Touristen, die zum weihnachtlichen Einkaufs-Erlebnis ihrer Europareise strömten, verhielten erstaunt. Das bis dahin vernehmliche Gezwitscher aus japanischen Kehlen verstummte, kichernde Asiatinnen und Asiaten sowie dickleibige Amis strömten herbei und zückten Digitalkameras und Handys, um den Verrückten mit Helm auf dem Kopf abzulichten – was dem nach Berühmtheit lechzenden Matti nicht übel gefiel. Er plusterte sich auf, reckte sich in die Höhe und begann voller Inbrunst, finnische Weihnachtslieder zu singen. Man mag es kaum glauben, aber Matti liebt nun mal derartige Narreteien! Und die unter Ihnen, die meine bisher erschienenen Finnland-bezogenen Bücher gelesen haben, in denen Matti auftaucht, werden sich vermutlich mit Schrecken daran erinnern, was ›Singen‹ bei ihm bedeutet ... Jedenfalls ist bestimmt verständlich, dass Päivi und meine an sich in allen Lebenslagen humorvolle Ehefrau sowie ich selbst uns etwas zurückzogen, um nicht als zum Tross des singenden Nussknackerimitators gehörig erkannt zu werden.

Freund Matti schien das nicht zu stören, er setzte seine Gesangsdarbietung ungerührt fort. Die einzige Chance, ihn wegzulocken, bestand darin, weiterzugehen. Was wir auch ungesäumt taten und einem Café zustrebten, das berühmt ist für seine Rothenburger ›Schneeballen‹. Wir freuten uns schon im Voraus auf diese leckere Spezialität.

Es dauerte etwas, bis der Herr Parteivorsitzende in spe registriert hatte, dass wir im Begriff waren, den ›Abflug zu machen‹, wie es der Volksmund so schön formuliert. Dann ließ er sich zwar noch kurz vom amerikanisch-asiatischen Applaus beregnen, aber ich konnte beim heimlichen Zurückschauen doch bemerken, dass er uns letztendlich folgte.

11

Während wir, das heißt: Päivi, meine überaus langmütige Lebensgefährtin und ich also unbeirrbar weitergingen und unsere Schritte zum erwähnten »Schneeball-Café‹ lenkten, dauerte es, wie berichtet, einige Zeit, bis unsere Abdrift dem völlig in seine Gesangsdarbietung vertieften Matti bewusst wurde. Noch als wir in die nächste Gasse abgebogen waren, hörten wir ihn singen. Lediglich indem ich zurückblieb und vorsichtig um eine Hausecke lugte, konnte ich Zeuge seines Aufbruchs, des Applauses und seiner zahlreichen in die Luft geworfenen Abschiedsküsschen werden.

Bemerkenswert war, dass ich aus meinem Versteck heraus beobachten konnte, wie mein lieber Freund seinen Gang sichtlich beschleunigte, als er feststellte, dass wir aus seinem Blickfeld verschwunden waren. War dies Ausdruck von Unsicherheit? So etwa wie bei einem Kind, das befürchtet, allein und einsam in der Fremde zurückgelassen zu werden? Es war mir – und nicht nur mir, sondern garantiert auch Päivi und meiner feinnervigen Ehefrau – natürlich seit langem bewusst, dass sich hinter unserem ›Großspur-Matti‹ mit seinem selbstgefälligen Starkstrom-Gehabe nicht selten ein durchaus anlehnungsbedürftiger ›Schmalspur-Goliath‹ mit Niedervolt-Antrieb versteckte ...

Nun, kaum hatte der Opernsänger von eigenen Gnaden die bewusste Hausecke erreicht und sah uns wartend vor dem Café, fiel er in einen gemächlich bummelnden Schritt und kam mit stolzgeschwellter Brust näher. Päivis verdrießliches Gesicht übersah er geflissentlich. Seinem Mund entströmte eine tiefschürfende Feststellung: »Nälkä!« (»Hunger!«). Daraufhin enterten wir ohne weitere Diskussion und ungesäumt das Lokal.

Und, ich staunte, Matti nahm tatsächlich sofort beim Betreten seinen Helm ab! Ohne Aufforderung! Auch Päivi und meine inzwischen hinsichtlich des Gebarens unseres finnischen Freundes einigermaßen strapazierfähige Ehegattin waren eindeutig verwundert.

Unser ausgehungerter Finnländer strahlte übers ganze Gesicht, als er die aufgetürmten Kugeln erblickte; Matti ist bekanntermaßen ein ausgesprochenes Leckermaul. Er liebt besonders alles, was süß schmeckt. Ich habe noch deutlich vor Augen, wie er vor Jahren einmal ein gesamtes Backblech mit einem Blaubeerkuchen, den Päivi nachmittags gebacken hatte, leer futterte – mit durchschlagendem Erfolg, wie man sich sicherlich vorstellen kann … Jedenfalls ist mir noch sehr gut in Erinnerung, dass nach dieser Blaubeer-Orgie das Quietschen der huussi-Tür im Wald (mit »huussi« bezeichnen die Finnen das Plumpsklo, das bei vielen Sommerhäusern auch heutigentags traditionell in Benutzung ist) pausenlos die sommerhelle finnische Nacht durchdrang. Und am Morgen darauf traf man einen bemerkenswert leidenden Matti seufzend in der Sommerhaus-Stube an, auf mehreren Polsterkissen sitzend.

Selbstverständlich war für das damalige Malheur nach seiner vehement vertretenen Überzeugung nicht das Kontingent an Backwaren verantwortlich, das er in sich hineingespachtelt hatte (natürlich nicht!), sondern Päivis unzulängliche Zubereitungskunst. Päivi und ich – meine verehrungswürdige Gattin war bei dieser Gelegenheit nicht anwesend – hatten auch mit nichts anderem gerechnet.

In der aktuellen Schneeball-Situation, eingedenk des geschilderten Blaubeer-Erlebnisses, riet Päivi, fürsorglich und wohlwollend wie stets, dem hungrigen Ehemann zur Zurückhaltung. Ebenso tat meine vorausschauende Ehefrau, die einen Röntgenblick für die in derartigen Köstlichkeiten enthaltenen Kalorien besitzt. Ich schloss mich diesen Empfehlungen an, obgleich ich mir von vornherein darüber im Klaren war, dass dieser Rat vergeblich sein würde. Und so kam es auch: Matti bestellte sich nicht einen, nicht zwei, nicht drei der Kugeln. Auch mit vier gab er sich nicht zufrieden, sondern orderte sage und schreibe fünf Stück!

Ich wiederhole sicherheitshalber nochmals: Matti, dem offensichtlich der Magen in den Kniekehlen hing, gab bei der Kellnerin fünf Schneebälle in Auftrag, und zwar für sich selbst und zur umgehenden Anlieferung an seinen Sitzplatz. Die junge Dame zögerte sekundenlang und schaute das finnische Urgestein prüfend an, wobei ihr Blick für die Dauer eines Wimpernschlags am Holzfällerhelm hängen blieb, den mein Freund über seine Stuhllehne gehängt hatte. Dann lächelte sie gewinnend und irgendwie verständnisinnig, und wir vernahmen ihre Stimme: »Onko sinulla niin paljon nälkä?«, zu Deutsch: »Hast du so viel Hunger?«

Wir blickten erstaunt. Weniger, weil sie Matti als Finnen erkannt hatte: Das war eigentlich sehr einfach, hatte er sich selbst beziehungsweise seinen Helm doch mittels Filzstift (wohlgemerkt in wasserfester Qualität) in übergroßen Druckbuchstaben mit der von ihm entwickelten finnischen Bezeichnung »erikoismetsuri« verziert. Was nichts anderes heißen sollte als »Spezialholzfäller«. Uns alle verwunderte vielmehr, dass sie uns auf Finnisch ansprach. Es stellte sich bald heraus, Annikki, so hieß die hübsche junge Frau, war die Tochter deutsch-finnischer Eltern, studierte Politikwissenschaften und jobbte in besagtem Café während der Semesterferien.

Annikki schien sich ehrlich zu freuen, finnische Gäste zu haben. Sie verkündete uns, ihre Schicht ende in einer Viertelstunde. Sie würde uns gerne durch Rothenburg begleiten und uns einige versteckte Winkel zeigen, wenn wir das wollten. Wir stimmten ohne Umschweife zu, die Lebendigkeit und Aufgeschlossenheit der Deutsch-Finnin gefielen uns allen und wirkten ansteckend.

Matti insbesondere war von der Studentin angetan, obgleich er vollauf mit dem Verzehr des mehrstöckigen Schneeball-Haufens auf seinem Teller beschäftigt war. Spätestens nach der zweiten Kugel wurden die Stückchen, die er aus den Teigteilchen herausbrach, kleiner und kleiner, und ächzend und stöhnend schweiften seine Blicke über die restlichen noch vor ihm liegenden Kalorienbomben.

Seine überdimensionierte Bestellung reute ihn zutiefst, da bin ich mir sicher. Aber stur wie er ist, hätte ein Abbruch der Konsumierung seiner Überzeugung nach das Eingeständnis eines Fehlers bedeutet – daher würgte er schlussendlich auch den letzten der massigen Klumpen hinunter, wobei ich den Eindruck hatte, er schaute leicht tränenumflort. Als wir kurze Zeit später aufbrachen, hatte der angehende Herr Parlamentsabgeordnete Mühe, sich zu erheben.

Annikki, ganz entzückend anzusehen, Päivi, bezaubernd lächelnd sowie meine jederzeit aparte Gemahlin schritten als attraktives Damen-Trio munter und dynamisch voran. Matti, leicht aufgebläht, in des Wortes wahrem Sinne wohlgeformt, auf Grund seines Schneeball-bedingten Bauchgrimmens allerdings mühsam schleichend, folgte. Ich fungierte als seine Ein-Mann-Eskorte. Dabei erlitt ich bei dem Versuch, meinen lieben Kumpel Halt gebend zu stützen, fast einen schmerzhaften ›Albschoss‹ (neuhochdeutsch oft als ›Hexenschuss‹, in der medizinischen Fachsprache auch als ›Lumbago‹ bezeichnet. Berthold Ockelmenger, unser fähiger, zuverlässiger Dorfkrankengymnast, den Matti beim Stammtischtreffen schon kennengelernt hatte, und dessen Kenntnisse und Können ich sehr schätze, pflegt diese und andere schmerzhafte Befindlichkeitsstörungen jedoch gerne mit mittelalterlichen Namen zu benennen. Ihm zu Ehren sei hier diese altertümliche Bezeichnung verwendet).

Dennoch: Der Gang durch die verwinkelten Gassen und Gässchen machte Spaß. Annikki kannte sich wirklich sehr gut aus und führte uns zu manch besonderen Ecken. Zudem tat die Bewegung meinem Freund gut. Er wurde zusehends munterer und nahm nach einiger Zeit unsere junge Deutsch-Finnin völlig in Beschlag. Päivi und meine immer geduldige Angetraute nutzten die Gelegenheit, um sich von unserer Gruppe zu trennen und zu zweit das schon kurz vorgestellte Ganzjahres-Weihnachts-Paradies zu besuchen.

Die beiden waren kaum verschwunden, als Matti Annikki und mich zu einer nahegelegenen Parkbank lotste, wo er der höflich lauschenden Studentin ungesäumt und in epischer Breite sein Parteigründungs-Programm vorstellte. Ich selbst hörte schweigend zu. Ich hatte vom ersten Moment an, sobald die junge Frau davon erzählt hatte, sie studiere Politikwissenschaften, nur darauf gewartet, dass mein Freund dieses Thema anschneiden würde. Schließlich kenne ich Matti seit Jahrzehnten.

Annikki, höflich-interessiert, blickte mich während Mattis Vortrag des Öfteren entgeistert an, ganz offenbar, um von mir einen kleinen Hinweis zu erhalten, wie sie die Pläne des Herrn Parteigründers einzuordnen habe. Ich setzte spaßeshalber mein Pokerface auf, muss allerdings gestehen, dass ich ein gelegentliches Kopfschütteln und amüsiertes Grienen denn doch nicht verhindern konnte.

Die Stimmung der hübschen Halbfinnin wurde im Verlauf von Mattis Schwadronieren immer ausgelassener. Umspielte ihre Lippen zu Beginn noch ein dezentes Schmunzeln, so wurde daraus nach und nach ein breites Lächeln, und zu guter Letzt schüttelte sie sich vor Lachen. Ihr offenes Gesicht und ihr aufrichtiges Vergnügen, ihr herzhaftes Gelächter und ihre ehrliche Fröhlichkeit verfehlten nicht ihre Wirkung auf mich. Und auf Matti! Nach Verlauf einer halben Stunde fanden die erstaunten Besucher Rothenburgs und die nicht minder verwunderten Bürgerinnen und Bürger des alten Städtchens drei Gestalten auf besagter Parkbank sitzend, die sich vor Lachen bogen. Und in dieser ausgelassenen Stimmung gestand Matti uns, was ich von Anfang an gewusst hatte: Dass er sich sehr wohl des Unsinns bewusst war, den er da verzapfte. Dieser Schlawiner macht sich eben immer wieder mal einen Spaß daraus, seine Umgebung zu verunsichern, indem er derartig alberne Ideen verfolgt und exzessiv ausarbeitet ...

Es dauerte geraume Zeit, bis wir die zwei passionierten Konjunkturankurblerinnen finnischer Abstammung (gemeint sind, es sei der Deutlichkeit halber hier erwähnt, Päivi und meine an sich sonst eigentlich eher nicht konsumorientierte Ehe-Madame) aus Richtung des sommerweihnachtlichen Ladenlokals kommend, erblickten. Sie schleppten sich, ähnlich wie bei der Rückkehr von ihrem Mode-Einkaufstrip vor wenigen Tagen, mit zahllose Tüten und Taschen. Zweifellos war es den Verkäuferinnen in besagtem Geschäft ein Herzensanliegen gewesen, den beiden zu vermitteln, in Bälde stünde ein liefertechnischer Notstand an adventlichen und weihnachtsbezogenen Artikeln ins Haus. Die Devise war offensichtlich ›Jetzt unbedingt zugreifen!‹ gewesen.

Matti, neugierig wie stets, beantragte bei seiner Lebens- und Reisebegleiterin Einblick in die Beute(l), stieß jedoch auf Unwillen: Päivi lehnte sein Ansuchen rundweg ab, mit der Begründung, dass es sich schließlich um »joulutavaroita« (»Weihnachtssachen«) handele. Auf seine leicht respektlose Vorhaltung, warum sie die Artikel denn dann im Sommer gekauft habe, folgte postwendend eine Päivische Kopfnuss, die allerdings erneut am Baumfällerhelm scheiterte, der durch den Stoß leicht verrutschte. Man konnte dann ein schmerzliches »Au« vernehmen, das in diesem Fall von Päivi stammte, derweil diese frustrane erzieherische Maßnahme Matti selbst lediglich ein ungerührtes, nichtsdestoweniger triumphierendes Grinsen abverlangte.

Annikki, die einigermaßen perplex die erstaunlichen Tüten- und Taschenberge, die Begrüßungszeremonie und Päivis – leider diesmal gescheitertes – Lehrstück in ›Ehemanndressur mittels Schädelstupser‹ verfolgt hatte, verabschiedete sich kurz darauf von uns, weil sie noch einen Termin hatte. Sie hat uns, das sei nur kurz an dieser Stelle eingeflochten, zwischenzeitlich schon zweimal in unserem Sommerhaus in Finnland besucht, gemeinsam mit ihrem Freund.

Wir restlichen vier marschierten zum Auto, um die kostbaren Erwerbungen von Päivi und meiner einzigartigen besseren Hälfte zu verstauen. Zudem wurde es Zeit, zu der bereits im vorhergehenden Kapitel erwähnten Pension, unserem Nachtquartier, aufzubrechen. Die auf Grund ihrer vorweihnachtlichen Errungenschaften bestens gelaunten Damen forderten tatkräftige Unterstützung beim Transport – und erhielten sie auch: durch Matti (eine Einkauftüte) und mich (drei Einkaufstüten plus zwei Pakete unbestimmten, gleichwohl bleischweren Inhalts).

Beim Einladen der Kleinodien stellten wir rasch fest, dass der Laderaum unseres Kombis durch die Planungsunterlagen des Herrn Parteigründer und unser Gepäck bis in den letzten Winkel belegt war. Es blieb somit nur die Möglichkeit, die opulente Sammlung von Taschen und Paketen mit weihnachtlichem Inhalt im Fahrgastraum zu stapeln. Dabei wurde das Gros der Behälter zwischen Matti und mir auf der Rückbank gelagert, was den Aufenthalt dort außerordentlich gemütlich machte ... beengt, aber gemütlich ... Nun ja, immerhin konnte ich noch die Haarspitzen von Mattis blondem Stoppelkopf rechts neben mir sehen, wenn ich mich hoch aufrichtete.

Meinem lieben Freund allerdings eröffnete dieses Arrangement neue Möglichkeiten: Er konnte jetzt nämlich, still und heimlich und, zumindest anfangs, unbemerkt von Päivi, seine Neugierde befriedigen und mindestens zu einem Teil erforschen, welche wunderlichen Dinge seine brave Angetraute erworben hatte. Ich vernahm aus seiner Richtung gelegentliches Rascheln von Papier, begleitet von verzweifeltem Ächzen, und ab und an schoben sich der Holzkopf eines Nussknackers, einmal auch der ebenso hölzerne Kopf eines Elches (offenbar ein ganz spezielles Räuchermännchen, das Päivi im Laden entdeckt hatte) und dann wieder die sanftmütigen braunen Glasaugen eines Plüschteddys in joulupukki-Kleidung (joulupukki ist der finnische Weihnachtsmann) über die Päckchenberge.

Leider brachte dieser Wissensdurst (Matti selbst allerdings sprach diesbezüglich lediglich davon, er habe »begründeten Informationsbedarf« verspürt) meinen verehrten Mitfahrer auf die unselige Idee, eine von Päivi ebenfalls erworbene Spieluhr auszuprobieren. Deren ›Stille Nacht, heilige Nacht‹-Klänge berieselten anschließend minutenlang unser Fahrzeug, weil der Chaot den Knopf zum Abstellen nicht fand. Da war's selbstverständlich mit Päivis Gemütsruhe aus, und die restliche Strecke bis zur Pension wurde von ihr ausgiebig zum wortreichen Vortrag exquisiter finnischer Charakterisierungen ihres treuen

Ehemannes genutzt. Und wenn ich ›ausgiebig‹ schreibe, dann heißt das auch ›ausgiebig‹! Matti stellte sein Gehör bei dieser Gelegenheit wieder mal auf Empfangsstörung und ließ sich bei der Begutachtung des Tüteninhalts nicht weiter stören.

So rollten wir bester Stimmung unserem Übernachtungs-Domizil entgegen. Wir waren heiter und beschwingt. Meine frohgemute Herzallerliebste und ich hatten bei Erika und Klaus, die wir von mehreren Besuchen her gut kennen, die beiden Gästezimmer bestellt. Die beiden betreiben einen Bauernhof nach ökologischen Grundsätzen und sind, nennen wir es mal ›traditionsbewusst‹. Das schlägt sich nicht nur in ihrer alltäglichen Lebensgestaltung nieder, sondern umfasst auch die Einrichtung ihrer Fremdenzimmer: uriges Mobiliar, nämlich hochbeinige Bauernbetten mit ebensolchen Kopf- und Fußteilen, gediegene, unbehandelte Holzdielen, bedeckt mit finnisch anmutenden, handgewebten Flickerlteppichen, wuchtige, geräumige Kleiderschränke. Vor allem aber in den Betten: riesenkolossalgigantogoliathikogroße Plumeaus.

Ich bin mir nicht sicher, ob alle Leserinnen und Leser in den modernen Zeiten der oft labberig-dünnen, gewichtslosen Baumwoll-, Seide-, Pappelflaum- und Microfaserdecken noch eine realistische Vorstellung vom Aussehen, Umfang und Gewicht eines echten deutschen Oberbetts haben. Möglicherweise ist schon der Begriff ›Plumeau‹ nicht mehr geläufig. Es handelt sich dabei – wenigstens bei den Zudecken der fürsorglichen Erika – um dicke und massige Ungetüme von Federbetten. Ich war aufs Äußerste gespannt, mit welchen Kommentaren mein finnländischer Gefährte dieses ihm völlig unbekannte Schlaf-Accessoire bedenken würde ...

Bei unserem Eintreffen begrüßten Erika und Klaus uns schon an der Haustür; Matti hatte sich einsichtig gezeigt und seinen

Helm im Auto abgelegt. Wir verschwanden sogleich in unseren Zimmern, um uns frisch zu machen, wobei ich, ich gestehe es, kurz auf dem Flur stehen blieb, in der Hoffnung, durch die Zimmertür die zu erwartenden Bemerkungen unserer beiden Nordländer beim Anblick der aufgeplusterten Bettwäsche zu erlauschen. Ich versichere, es geschah nicht aus Neugierde, sondern aus ›begründetem Informationsbedarf‹ – ja, ja, Matti ist mir eben in vielen Dingen Vorbild.

Zu meiner Verwunderung und Enttäuschung drang allerdings nur ersticktes Lachen an meine wissbegierigen Ohren. Oh klägliches, dürftiges Ergebnis meines geduldigen Ausharrens! Konnte dieser Bursche nicht mal irgendeinen Schrei der Überraschung loslassen? Oder zumindest eine der sonst bei ihm üblichen protzigen Feststellungen, etwa dergestalt, seine Zudecke zu Hause sei dreimal so dick wie die hiesige oder so etwas? Fast war ich geneigt, das Zimmer zu stürmen, um zu erfahren, ob Matti oder wenigstens Päivi die Federbetten überhaupt entdeckt hatten!

Doch just in diesem Moment rief mich meine alles durchschauende Ehegattin zu sich, mit in langen Ehejahren entwickeltem Sachverstand fragend, warum ich mich so lange im Korridor aufhielte. Da folgte ich ihr sanftmütig ins Zimmer und schloss diskret die Tür.

Auch beim Abendessen erwähnten Päivi und Matti ihre Zimmereinrichtung und explizit das Federbett mit keiner Silbe, und so schwieg auch ich in dem beruhigenden Gedanken, dass die Nacht mit der ihr eigenen Bestimmung zum Schlafen und hieraus resultierender Plumeau-Nutzung noch bevorstand.

Am Morgen darauf wurde ich auch wirklich in Bezug auf die Plumeau-Thematik entschädigt. Wir erfuhren nämlich beim Frühstück von Matti, er habe kaum geschlafen. Wegen des unförmigen »Zudeckkissens« (Mattis Wortschöpfung) habe er die ganze Nacht über unter Erstickungsanfällen gelitten und außerdem ohne Unterlass wie ein Taucher »snorklata« (»schnorcheln«) müssen. Gleichzeitig seien seine Füße eiskalt gewesen. Er sei überzeugt davon, dass dieses Kissen ein Eigenleben besäße: Es habe ständig auf seinem Gesicht gelegen, gleichgültig, wie oft er es von sich gestoßen habe. Fernerhin habe er heftigste, ja, fast unüberwindbare Verlassenheitsängste erduldet, denn Päivi sei unter ihrem Kissengebirge nicht mehr zu sehen gewesen. Nur durch regelmäßige Notrufe, wie etwa »oletko vielä elossa?« (»Lebst du noch?«), die er im Halbstundentakt von sich gegeben habe, habe er diese schauerliche Nacht überhaupt überstanden.

Und zu guter Letzt vertraute er mir mit gesenkter Stimme noch unter vier Augen an, dass dieser unförmige Kissenberg unzweideutig ein unerschöpfliches Sammelreservoir für Leibwinde darstelle, deren Hauptbestandteil, wie er bei seinen Nachforschungen habe feststellen müssen, wohl Methangas sei. Möglicherweise, fügte er nachdenklich hinzu, habe auch der Verzehr der Schneeballportion am Mittag in Kombination mit dem Konsum des Zwiebelbratens am Abend einen Beitrag zu diesem eindrucksvollen Geschehen geleistet.

Ich nickte gemessen und doch verständnisvoll. Seine mit Ernsthaftigkeit vorgetragenen empirischen Forschungsergebnisse auf dem Gebiet der Flatulenz und seine nachfolgenden tiefschürfenden Überlegungen bereiteten mir größtes Vergnügen. Dann brachen wir auf, zwischen ungezählten bunten Weihnachtspäckchen sitzend, um geruhsam wieder unsere heimatlichen Gefilde zu erreichen.

12

Für die Rückfahrt ließen wir uns Zeit. Päivi wirkte munter und ausgeschlafen, trotz des nächtlichen, von Matti so anschaulich geschilderten ›Verschütt-Gehens‹ unter dem Plumeauberg. Der finnische Experte im Geschichtenerzählen dagegen war völlig übernächtigt und konnte kaum die Augen offen halten. Sein Kopf sank immer wieder auf die zwischen uns aufgehäuften Päckchen, Taschen, Tüten und Pakete.

Gegen Mittag unterbrachen wir unsere Reise in einem kleinen Ort südlich von Frankfurt. Matti war währenddessen wach geworden und trug zur Konversation mit der inzwischen schon bekannten Äußerung: »Nälkä!« (»Hunger!«, wie bestimmt erinnerlich) bei. Wir entschieden daraufhin, ein Speiselokal aufzusuchen.

Meine findige Ehegattin und ich hatten schon früher beschlossen, unsere beiden Freunde während ihres Aufenthaltes möglichst oft und intensiv mit deutscher Lebensweise und Alltagsgestaltung vertraut zu machen. Schließlich, es sei hier einmal geklagt, hatte insbesondere Matti mit uns (und dabei wiederum explizit mit mir) dasselbe in Finnland getan ... einschließlich ausgiebiger Saunagänge bei höllengleichen Temperaturen, verbunden mit Zwangsernährung durch »lenkkimakkara« in sogenannter B-Qualität, einer Art »Wurst« mit dezent angedeutetem Fleischgehalt. Auch die »Wieninleike« (angebliches »Wiener Schnitzel«) mit kleinen, ›al dente‹ zubereiteten Kartoffeln und mit einer Sardelle auf Zitronenscheibe sowie zwei leicht angedauten Salatblättern als Garnierung im besten (und einzigen) Restaurant von Päivis und Mattis Wohnort, sind mir in bleibender Erinnerung ...

Zurück nach Deutschland: Tatsächlich kennen wir in besagtem Dörfchen, das wir zur Mittagspause auserkoren hatten, schon seit vielen Jahren eine Gaststätte mit ausgeprägtem Lokalflair. Die Speisen dort sind stets frisch zubereitet, schmackhaft und – vor allem im Hinblick auf Mattis bekannte Portionsgrößen-Bedürfnisse – reichlich. Meine feurige Angetraute kurvte daher mit Schwung und Karacho unter Aufwirbeln monströser Staubwolken auf den zugehörigen Parkplatz. Kurz darauf steuerten wir den Eingang des Speisehauses an. Wir beeilten uns, da der Himmel sich bezogen hatte und die ersten Regentropfen fielen.

Umso erstaunter war ich, als mein Freund Matti plötzlich nicht mehr an meiner Seite war. Wo war er abgeblieben? Diese Frage stellte ich mir. Man sollte doch annehmen, dass einsetzender Regen genügend Veranlassung gibt, möglichst umgehend die wohltuende Trockenheit des Gastraums zu suchen.

Und gerade Matti! Matti, der sich in Finnland sogar im Sommerhaus konsequent weigert, bei Regen ohne hüftlange Angler-Gummistiefel an den Füßen, eingehüllt in einen wasserdichten Regenmantel von der Art ›Friesennerz‹ und überdacht vom überdimensionierten Regenschirm, den er Jahrzehnte zuvor gewissenlos in irgendeinem besseren Hotel entwendet hat, das huussi (inzwischen sollte wohl bekannt sein, um was es sich handelt) aufzusuchen!

Sobald ich das schützende Vordach des Lokals erreicht hatte, verhielt ich und wendete mich um: Matti stand im sanft fallenden Sommerregen, mit offenem Mund und tropfnassen, wirren Haaren. Seine Augen hingen starr am Reklameschild unseres Landgasthofes. Der Bursche bot ein seltsames Bild des Jammers. Fürsorglich und brüderlich ging ich sekundenlang mit mir zu Rate, ob ich zu ihm eilen und mich seiner annehmen solle. Eingedenk der Tatsache, dass ich in diesem Falle bis auf die Haut nass würde, rief ich ihm jedoch lediglich ebenso zartfühlend wie teilnahmsvoll zu: »He, Matti, du Dorschkopf, wo bleibst du?!«

Mein Rufen bewirkte immerhin, dass mein geschätzter Freund seine Augen auf mich richtete, wie aus tiefem Schlaf erwachend. Dann schien er sich urplötzlich des Regens bewusst zu werden und jagte in weiten Sprüngen auf mich zu. Oder vielmehr, er hechtete dem rettenden Vordach entgegen. Atemlos und leicht durchfeuchtet erreichte er mich, mit sorgenvollem Blick schaute er mir ins Gesicht und fragte, ob wir, meine ach so leichtsinnige Lebensgefährtin und ich, uns gut überlegt hätten, dieses ihm rätselhaft, ja unheimlich erscheinende Gebäude aufzusuchen?

Da war ich nun allerdings wirklich entgeistert. Was sollte denn das nun wieder? Irgendetwas schien meinen sonst – jedenfalls verbal – so tapferen Kumpel verunsichert zu haben. Oder spielte er mir nur wieder einmal eine seiner typischen Possen vor, dieser unverbesserliche Eulenspiegel? Vermutlich am ehesten das Letztere, dachte ich.

»Was ist denn los?«, fragte ich behutsam. Matti starrte mich mit flackernden Augen an. Und doch schien es mir gleichzeitig so, als luge wirklich hinter diesem Blick der Schelm hervor. »Hast du nicht gelesen? ›Itsemurha‹ (›Selbstmord‹)! Steht extra draußen auf Schild: ›eigene Schlachtung‹! Leute sich bringen hier selbst um!« Es bedurfte einiger Sekunden, bis ich mich gefasst hatte. Dieser ›Finnländer‹ scheint tatsächlich pausenlos darauf zu lauern, welchen Jux er sich mit seiner Umgebung wieder erlauben könnte. Und augenscheinlich nimmt er für einen seiner Meinung nach erfolgversprechenden Gag auch einen Regenguss in Kauf ...

Im Übrigen staunte ich insgeheim wieder einmal über seinen umfangreichen deutschen Wortschatz; ich bin ziemlich überzeugt davon, dass durchaus nicht alle ausländischen Besucher Deutschlands wissen, was das Wort ›Schlachtung‹ bedeutet.

Als Matti feststellte, dass es ihm gelungen war, mich kurzzeitig aus dem Konzept zu bringen, ging in seinem Gesicht die Sonne auf. Ach ja, es ist eben einfach schön, wenn sich ein erwachsener Mann sein kindliches Gemüt bewahrt hat!

Päivi und mein teures Eheweib hatten nicht auf uns gewartet. Sie saßen schon längst an einem der ansprechend mit brennenden Kerzen und Blumen dekorierten Tische und blickten uns erwartungsvoll entgegen (damit keine Missverständnisse entstehen: Nur die Kerzen brannten, nicht die Blumen! Ich hätte natürlich auch umformulieren können, etwa: »an einem der ansprechend mit Blumen und brennenden Kerzen dekorierten Tische«. Dazu hatte ich aber keine Lust. Punkt). Dabei fiel auf, dass auch Päivi bester Laune war. Soll heißen: Sie grinste übers ganze Gesicht. Nicht nur Matti schien die ›Eigenschlachtung‹ bemerkt zu haben. Oder hatte die bessere Hälfte meines finnischen Spaßvogels noch einen anderen Grund zur Heiterkeit?

Und wirklich: Wir hatten kaum Platz genommen, da schob mir Päivi die Menükarte zu. Was gab's da zu entdecken, außer einer Auswahl leckerer Speisen und Getränke? Sie hatte die Titelseite aufgeschlagen, legte ihren Zeigefinger, gebeutelt von verhaltenem Lachen (auch hier wieder eine Klarstellung: Gebeutelt wurde Päivi, nicht ihr Zeigefinger; s. o.) auf eine Zeile unter der ›Selbstschlachtung‹, und ich las: ›durchgehend warme Küche‹. Na und? Sollte das der Grund für Päivis hemmungslose Heiterkeit sein? Schließlich war das die übliche Formulierung!

Allerdings ... nahm man es buchstäblich ... bei Licht besehen ... Ich erinnerte mich daran, wie amüsiert ich damals war, als ich in Finnland im Supermarkt – allen Ernstes! – Anpreisungen für ›Bratwursti‹, ›Metwursti‹ oder ›Currywursti‹ entdeckte. Oder im Restaurant den Hinweis ›seisova pöytä‹, die zwar zunehmend veraltende, aber dennoch häufig noch gebräuchliche Bezeichnung in Finnland für ›Büfett‹. Sie bedeutet wörtlich ins Deutsche übersetzt: ›stehender Tisch‹. Als ob, auch im hohen Norden, Tische üblicherweise nicht grundsätzlich auf ihren drei oder vier Beinen stünden.

Insofern hatten unsere finnischen Freunde ja recht: Es ist wahrhaftig ein sehr kurioser Ausdruck, diese ›durchgehend warme Küche‹. Wäre es nicht sehr eigentümlich, wenn es im wörtlichen Sinn beispielsweise nur vorne in einer Küche warm wäre, weiter hinten aber kalt? Oder umgekehrt?

Ich schaute in Päivis fröhliches Gesicht, ich sah Matti feixen, meine zurückhaltende Lebensgefährtin lächelte, und, ich gestehe es, auch mich durcheilte eine durchaus heitere Welle, ja, ich möchte sagen, es ergriff mich Ausgelassenheit und leichtblütige Stimmung. So banal der Anlass war, wir waren alle vergnügt.

Da kam uns der Kir Royal als Aperitif gerade passend. Und sogar Päivi, eigentlich erklärte Gegnerin jeglichen Alkoholkonsums, zumindest während der Stunden, an denen der Tag hell ist (was, zu Mattis großem Bedauern, in den finnischen Sommermonaten durchaus nennenswerte Auswirkungen hat. Denn, wie heißt es so schön: ›In Finnland geht im Sommer die Sonne niemals unter.‹), sagte dieses eine Mal nicht »Nein«, als ich das süffige Getränk bestellte.

Unserer guten Laune tat es auch keinerlei Abbruch, als Mattis Angetraute ratlos das Besteck betrachtete, das ihr der Kellner mit ausgesucht eleganten Bewegungen hinlegte. Hin und her wendete sie die schwer-metallenen, glänzenden Gerätschaften, und wieder einmal ließ sich ihr lieber Matti (erstaunlicherweise dieses Mal mit gedämpfter Stimme) vernehmen: »Was das ist?«

Ach, wie wohl tat es, den sonst so großspurigen Aufschneider einmal zaghaft fragend zu erleben! Ich genoss diesen Moment in vollen Zügen! »Weißt du nicht?!« Ich zog meine Augenbrauen hoch, als ich seine übliche Kommentierweise nachahmte. Er schüttelte finster den Kopf.

Meine beharrlich gutherzige Göttergattin warf mir einen missbilligenden Blick zu und sprang Päivi und Matti zur Seite: »Du hast doch eine Forelle bestellt, Päivi, und das ist ein Fischbesteck. Die Deutschen spinnen nun mal ...« Ich hob protestierend die Hand, was mir einen giftigen Blick meiner unwirschen Gemahlin eintrug. Mit erhöhter Stimme und in einem Tonfall, der keinen Widerspruch duldete, wiederholte sie: »Ja, wisst ihr (drohender Blick auf mich), die Deutschen spinnen (erneute Blickdrohung). Sie meinen, Fisch nicht mit einem normalen Besteck essen zu können! Hier mit dem Messer (sie zeigte den Gebrauch desselben) kannst du den Fisch zerlegen und die Gräten als Ganzes entfernen. Übrigens – und ich guck' niemanden an (vor Verachtung triefende Stimme sowie schadenfroher Blick auf mich) – gibt es deutsche Männer, die nicht die geringste Ahnung davon haben, wie man einen Krebs auseinandernimmt!«

Da hat sie, ich muss es eingestehen, die Wahrheit gesagt. Scampis zu verspeisen, nun, das krieg' ich schon noch hin, aber die bei den Finnen so beliebten ›ravut‹ (Flusskrebse) kann ich nicht zerlegen – technisch nicht, aber auch wegen unüberwindbarer innerer Abwehr. Die Viecher schauen mich einfach mit ihren Stielaugen so seltsam an ...

Matti nahm das Fischmesser prüfend in die Hand. »Zu stumpf für itsemurha« (Selbstmord, wie bestimmt noch erinnerlich). Er zückte das Instrument gegen mich. »Und für murha (Mord)!« Er begann immer unverschämter zu grinsen.

»Jetzt ich weiß! Darum du nicht bist gekommen, Krebs zu essen letztes Jahr! Hast gesagt, musst arbeiten, kannst nicht kommen! Gelogen! Ha, ha, ha!«

Ich blickte verlegen zu Boden. Jetzt hatte dieser Bursche also doch erfahren, was ich hatte geheim halten wollen. Es war mir bewusst, meine ›Krebsuntauglichkeit‹ war in seinen Augen eine wahrhaft unmännliche Schwäche.

Dieser respektlose Allesschlucker lachte immer noch und immer lauter. »Kannst nicht Krebs essen! Ha, ha, ha, ha, ha, ha!« Päivis reflexartig ausgeteilte Kopfnuss blieb, trotz fehlenden Baumfällerhelmes, denn der lag im Auto, erfolglos. Und meine von mir über alles geliebte Ehefrau, dieses treulose Frauenzimmer, griente ebenfalls vom linken bis zum rechten Ohr!

Ich holte tief Luft. Es wurde Zeit für eine Revanche. »Wie war das noch mit dem Zahnarztbesuch vor zwei Jahren? Kannst du dich noch erinnern, Päivi?« Mattis bessere Hälfte musste nicht lange überlegen. »Kyllä!« (»Ja!«) Sie kicherte. Matti dagegen wirkte plötzlich leicht verschnupft. Unstet schweiften seine Blicke durch den Gastraum, auf der Suche nach Rettung. Aber, ha, ha, ha, vergeblich. »Du tatest mir damals ehrlich leid, Matti, ha, ha!« Ich fühlte mich nun wieder bester Stimmung. »Es muss sehr schmerzhaft für dich gewesen sein, oder?« Mein Kumpel wehrte ab, doch seine Geste wirkte nicht überzeugend. »Ist lange vorbei. Sprechen wir von anderen Sachen! Bestimmt das Essen kommt bald. Oh, und da, sehr schönes Bild!« Er deutete auf einen echten Druck von da Vincis Mona Lisa an der Wand.

Aber so rasch wollte ich nicht nachgeben. Schließlich hatte er mich veralbert, und Rache ist süß. Oder so. Auf jeden Fall schmeckt sie in der Regel gut.

Die Geschichte war nämlich dergestalt, dass mein tapferer finnischer Gefährte damals unter quälenden Zahnschmerzen litt, Päivi und mich aber so ungefähr auf Knien bat, ihn zum Zahnarzt zu begleiten und während der Behandlung ›Händchen zu halten‹ …

Meine gütige Angetraute war bis dato über den damaligen Sachverhalt nicht informiert – und es war erkennbar in Mattis Interesse, dass das auch so blieb. Aber, ha, ha, ha, zu spät! Ja, ja, auch in den besten Freundschaften gibt's eben mal Situationen, in denen man ein klein wenig gemein sein muss. Nicht zu sehr, aber doch ein klitzeklein wenig. Das ist, wohldosiert, durchaus anregend und klärend für die Beziehung …

Und so war es auch hier: Meine rundum entzückende Lebensgenossin schmunzelte liebenswürdig, nachdem sie die Geschichte gehört hatte, Päivi und ich lachten, und Matti, nun, es zuckte anfangs nur um seine Mundwinkel, doch dann brach auch er in erfrischendes Lachen aus und klopfte mir anerkennend auf die Schulter – nicht so richtig sanft, wohlgemerkt, aber in gewisser Weise eben doch anerkennend.

In der Folge schwelgten wir in kulinarischen Genüssen. Päivi ließ sich ihre Forelle schmecken und handhabte ihr Fischbesteck mit viel Geschick, meinte sogar, sie müsse so etwas unbedingt nach Finnland mitnehmen. Diese von ihr spontan dahingesagte Bemerkung veranlasste ihren Chaotengatten zu dem Vorschlag, das gerade vorhandene Tafelsilber des Restaurants diskret einzupacken. Mit derartigen Ideen ist bei Matti stets zu rechnen. »Ich und Päivi dann können Haus unauffällig verlassen, uns hier niemand kennt.« Meine pflichtbewusste, findige Ehefrau und der vertrauenswürdige, etwas einfältige deutsche Glatzkopf (er meinte damit wohl mich, denn trotz meines intensiven Umherblickens konnte ich im Gastraum außer mir keinen anderen Gast mit leicht schütterer Mähne ausfindig machen) sollten noch kurz sitzenbleiben und dann die Rechnung bezahlen. Nötigenfalls könnten wir mitteilen, sollte es wider Erwarten entsprechende Nachfragen geben, unsere beiden verschwundenen Tischgenossen seien uns unbekannte schwedische oder auch russische Touristen gewesen, die wir von der Straße aufgelesen hätten.

Hier kamen wieder mal seine sorgfältig gepflegten Ressentiments gegen diese Volksgruppen durch. Auch nächtelange Dispute über dieses von ihm so geliebte Thema haben keinerlei Änderung seiner (allerdings nicht ernst gemeinten, wie ich weiß) Einstellungen bewirken können. Dazu liebt er viel zu sehr die bei derartigen Äußerungen sich stets und zwangsläufig ergebenden Auseinandersetzungen.

Hier am Restauranttisch ergänzte er diesen im wahrsten Sinne erschöpfenden Vorschlag noch um die Anmerkung: Die Nationalität sei ihm egal, das müssten wir schon selbst entscheiden, schließlich könne er nicht alles alleine machen.

Auch ohne dass wir uns wechselseitig explizit absprachen, herrschte zum Glück zwischen Päivi, meiner zauberhaften Lebensgefährtin und mir eine spontane Übereinkunft: Wir ließen den Kaiser von Phantasmagorien und Halluzinatorien schlicht und einfach plappern und konzentrierten uns auf unsere hervorragend zubereiteten Speisen. Das hatte denn auch bald den gewünschten Erfolg: Matti, der ursprünglich wieder mit einem 'Schnitzel vom Jägersmann' geliebäugelt, dann zu urdeutschen Nürnberger Rostbratwürstchen mit Sauerkraut und Kartoffelpüree gewechselt hatte, säbelte eifrig Stück um Stück seiner knusprig-braunen fränkischen Delikatesse ab – und hielt endlich, endlich die Klappe.

13

Gegen Abend erreichten wir unser trautes Heim. Päivi und wir beiden anderen stiegen trotz der langen Fahrt beschwingt und bester Laune aus. Matti hatte uns, wie üblich, eine kurzweilig-absurde Einmann-Show geliefert. Er hatte bei seinem Rostbratwursti-Gelage spürbar Energie getankt. Es waren wahrhaft beeindruckende Mengen dieser Schmankerl zwischen seinen Zähnen verschwunden; zweimal bestellte er nach. Dabei hatte er die ungläubige Miene des Kellners frohlockend registriert.

Wie aber war es dem finnischen Gourmet gelungen, uns andere Mitfahrer während der Autofahrt so bei Laune zu halten? Ganz einfach, verehrtes Publikum, indem unser Herr Schwafelhans praktisch pausenlos wehklagte:

a) Er leide unter starkem Bauchgrimmen. Das müsse eindeutig mit dem minderwertigen Essen in Deutschland zusammenhängen, denn er habe bereits nach dem 23. Rostbratwürstchen beobachtet, wie sich seine Magenwände verkrampften und unwillig zusammenzögen. Ergebnis dieses Lamentos: gnadenloses Gelächter der beiden Damen auf den Vordersitzen, teilnahmsvolles Schmunzeln meinerseits.

b) Es sei unentschuldbar, das edle Besteck, vor allem das zum Fischezerkleinern, im Lokal zurückgelassen zu haben, ohne auf seinen ausgeklügelten Plan betreffs Mitnahme desselben einzugehen. Ergebnis dieses Gezeters: tadelndes Schweigen allerorten. Bedauerlicherweise hatte dies wiederum zur Folge, dass sich der verhinderte Kleptomane ausgiebig über das Scheitern seiner Beschaffungsmaßnahme ausließ – und dieses Thema über etwa eineinhalb Stunden von den verschiedensten Seiten beleuchtete ...

c) Ihm werde vom Autofahren übel, meine rasante Ehefrau solle nicht so schnell fahren. Ergebnis dieser Beschwerde: Meine Göttergattin verringerte das Tempo so, dass sie bergauf bremsen musste, um nicht zurückzurollen.

d) Warum wir so langsam dahinkröchen, alle anderen Verkehrsteilnehmer überholten uns schon, sogar Radfahrer. Ergebnis dieser Beanstandung: Meine langmütige Ehefrau fuhr rechts ran, Päivi öffnete wortlos die Beifahrertür, stieg gemächlich aus, öffnete die hintere Autotür, zog Matti eine über, schloss dessen Tür mit Schwung, nahm wieder vorne Platz, zog ihre Tür zu, und weiter ging's Richtung Heimat. Das alles arrangierten die beiden Damen, ohne dass es notwendig erschien, sich gegenseitig abzusprechen!

Soweit, so gut. Endlich erreichten wir unser Dörfchen, die Uhr zeigte auf kurz nach neun, die Sonne senkte sich hinter die Berge und sandte ihre letzten Strahlen gen Himmel, offenbar müde von ihrem stundenlangen, aber immerhin erfolgreichen Kampf gegen eine graue Wolkendecke. Und beim Einbiegen auf unser Grundstück: Wen entdeckten wir da, einsam auf der Außentreppe vor unserer Haustür? Wer blickte uns erwartungsvoll entgegen?

Es hätte jetzt sicher seinen Reiz, meine erwartungsvollen Leserinnen und Leser eine Zeitlang raten zu lassen. Denn: Ich selbst hab' natürlich im Kopf, wer dort saß. Na klar! Jedoch, dieses Wartenlassen auf die Lösung würde ich mir niemals erlauben! Oder? Schließlich hat meine Leserschaft einen legitimen Anspruch darauf, zu erfahren, wie die Geschichte weitergeht! Man stelle sich nur vor, ein Autor beschriebe eine derartige Szene, ohne insgeheim längst zu wissen, wer oder was da wartend auf den Stufen unserer harrte! Es wäre in einem solchen Fall davon auszugehen, dass er entweder nicht mehr weiterweiß, oder er hat sich völlig in die Schilderung einer Episode verrannt, ohne deren Ausgang zu kennen. Selbstverständlich bestünde auch die Möglichkeit, dass es seine Absicht ist, die Leserschaft möglichst lange auf die Folter zu spannen und ihre Ungeduld bis aufs Äußerste zu erhöhen. »Cliff-Hänger« nennen die Fachleute des Literaturbetriebes sowas …

Nun, es sei denn doch endlich verraten: Auf dem obersten Podest der Treppe hatte ein uns schon wohlbekanntes, gazellenhaftes Männlein Platz genommen. Jawohl, Jupp saß da. Hatte einen Picknickkorb neben sich stehen, hielt ein Fläschchen Pilsner sowie ein belegtes Brötchen in den Händen und schaute uns mit Wohlwollen und Neugierde entgegen.

»Endlich seid ihr da!«, empfing er uns, vollmundig kauend. »Ich warte schon seit heute Nachmittag auf euch!« Diese mitleiderregende Verlautbarung schien mir denn doch etwas zweifelhaft – allein, meine bei Jupps Lebensgefährtin am nächsten Tag eingeholten Erkundigungen bestätigten seine Aussage. Jupp sei inklusive randvollem Picknickkorb am frühen Nachmittag von zu Hause aufgebrochen, um, wie er gesagt habe, seinen »Bewacher- und Empfangspflichten für meine finnländischen Freunde und deren Gastgeber nachzukommen.« Soweit sie habe erfahren können, habe er sich auf der Treppe unseres Hauseingangs unter dem Vordach niedergelassen, dort die Sportnachrichten gelesen, vorübereilenden Dorfmitbewohnern gnädig zugewinkt und sie bedarfsmäßig über den Grund seines Aufenthaltes vor unserem Haus aufgeklärt.

Jupp selbst berichtete uns ein besonderes Highlight seiner selbst gewählten Schildwache. Der Filialleiter der örtlichen Landwirtschaftskasse, Philipp Grospemeier, in edelgrauem Gewande, sei in Begleitung von Hubert Loggeler, genannt ›Hubsi‹, dem reichsten und korpulentesten Landwirt im Dorf, die

Straße entlanggekommen, auf dem Weg zur Nachbarin Elfriede Haumann. Grospemeiers Philipp und Hubsi hätten sich zu ihm gesellt, wobei Hubsi begehrlich nach seiner, Jupps, Proviantasche geschielt habe, während der Herr ›Bankdirektor‹ mahnend und mit erhobenem Zeigefinger die Gefahren des Alkoholismus heraufbeschwor. Unser Philipp Grospemeier ist nämlich im ganzen Dorf als Moralapostel par excellence hinlänglich bekannt. »Da hab ich ihm dankend zugeprostet!«, kicherte Jupp, als er uns davon erzählte, und das nehme ich ihm sogar ab, denn Jupp ist kein besonderer Freund des von ihm als ›Graukittel‹ titulierten zinsgewaltigen Herrn. Der ›Kassenprotz‹ und Hubsi seien daraufhin zur Witwe Haumann weitergezogen, wohl, um dort die kommende Ausgabe des Kirchenblättchens zu diskutieren. Elfriedchen ist nämlich in Personalunion als Chefredakteurin und Klatschspaltenkolumnistin für dieses Druckwerk tätig. Und auch die beiden Herren sind an der Gestaltung dieser Gazette maßgeblich beteiligt.

Die despektierliche Schilderung der quasiseelsorgerischen Bemühungen des lokalen Finanzwürdenträgers durch Jupp rief Päivi auf den Plan. Der Grund: Unsere liebe Freundin arbeitete in Finnland nicht nur jahrelang im Bankgeschäft, und zwar mit ausgeprägt seriösem Anspruch, sondern ist überdies, wie schon nebenbei bemerkt, keine Befürworterin alkoholischer Genüsse, besonders, auch dies habe ich schon vorgetragen, wenn sie am helllichten Tag verkostet werden. Der Schluck Kir Royal als Aperitif bei unserem Mittagessen war für Päivi schon der ultimative Sündenfall ...

Folglich betrachtete sie Jupp und sein Bierfläschlein mit ähnlicher Skepsis und Missbilligung, wie sie das in analog gelagerten Fällen bei ihrem Matti zu tun pflegt. Auch meine einzigartige Ehefrau schien nicht sonderlich erfreut, von einem Bierflaschen schwingenden Jupp auf der Haustreppe begrüßt zu werden. Ich selbst nahm die Position des eher neutralen Beobachters ein, abgesehen davon, dass ich mich insgeheim auf die kleine Fehde, die zu erwarten war, freute.

Doch ich wurde enttäuscht. Jupp ignorierte Päivis Unmut ostentativ, über das deutlich spürbare Missvergnügen meiner warmherzigen Ehegattin sah er großzügig hinweg. Und Matti? Mit nordischer Kühle nahm der Päivis Verdruss einfach nicht wahr, abgehärtet, wie er in dieser Beziehung ist. Begrüßte vielmehr mit überschwänglicher Freude seinen neuen ›deutschländischen‹ Freund und übertrug ihm sogleich die verantwortungsvolle Aufgabe, unser Gepäck, an erster Stelle seine Parteigründungs-Unterlagen, ins Haus zu tragen. Päivi schluckte zu meiner Überraschung ihre Kritik hinunter und beschränkte sich darauf, sorgfältig darüber zu wachen, dass ihre edlen Rothenburger vorweihnachtlichen Erwerbungen ohne Schaden ins Haus gelangten.

Ich war frustriert. Das war nicht fair! Die Mannschaft gönnte mir nicht einmal den Genuss eines wenigstens angedeuteten verbalen Scharmützels. Warum und weshalb waren alle nur so überraschend rücksichtsvoll?

Nachdem unsere Utensilien ausgeladen waren, inspizierte Matti verstohlen im Schuppen seinen Gummireifenschwan, seine Zapfanlage und den Rasenmäherautomaten. Päivi war von ihm immer noch nicht über diese Errungenschaften informiert worden. Zufrieden kehrte er sodann wieder ins Haus zurück und zwinkerte Jupp und mir verschwörerisch zu. Währenddessen hatte meine fürsorgliche bessere Hälfte mit mir im Esszimmer das Abendessen vorbereitet. Jupp ging ganz selbstverständlich davon aus, dass er mit verköstigt würde; ich hörte, wie er sein Eheweib per Handy kontaktierte und ihr liebevoll mitteilte, sie solle nicht mit dem Essen auf ihn warten, er sei von uns aufgefordert worden, mit uns zu speisen.

Es war eine lustige Runde, die sich da zusammenfand. Matti war bester Laune. Als Päivi und meine wohltätige Ehehälfte kurzzeitig in die Küche verschwanden, beugte er sich zu Jupp und mir und wisperte: »Dieses Schwan: sehr schön ist! Auch viel schöner als Klo-Schwan von dir!« Und als Jupp verständnislos den Kopf schüttelte, weil er von diesem Monstrum noch nichts wusste, zog der Herr ›Finnländer‹ nur geheimnisvoll die Augenbrauen hoch, legte verschwörerisch den Finger auf seine Lippen und flüsterte: »Sache von Männern! Kannst du Kleinmann nix von wissen. Vielleicht später!« Diese hochherzige, liebevolle Bemerkung ließ, was ich sehr gut verstehen konnte, eine steile Falte auf Jupps hoher Stirn erscheinen. Aber er sagte nichts.

Das Abendessen verlief kurzweilig. Wir unterhielten uns angeregt über diverse Themen, an erster Stelle über unseren Ausflug, wobei Jupp sich angelegentlich danach erkundigte (mit lausbübischem Blick auf Päivi), ob wir die Gelegenheit genutzt hätten, das »fränkische Bier« vor Ort zu versuchen.»Das muss man getrunken haben!«, tönte er vernehmlich und blickte Mattis Ehepartnerin erneut angriffslustig an. Ich bemerkte, dass Matti daraufhin etwas vom Tisch abrückte, offenbar, um aus Päivis Reichweite zu kommen. Doch die lächelte nur süffisant und ließ Jupp kalt abblitzen, indem sie auf ihn deutete und unüberhörbar zu meiner holden Ehefrau auf Finnisch meinte: »On tosi kelvoton mies!«, sinngemäß bedeutet das in etwa:»Das ist ein echter Nichtsnutz!«

Ein cleverer Trick! Jupp sprang auch sofort an. Was das auf Deutsch heiße, fragte er, wobei er sich an Matti und mich wandte. Ich tat ahnungslos, Matti, ein ebensolcher Hasenfuß wie ich selbst, gab ihm, allerdings mit einer Prise Hinterlist, Bescheid :»Ist finnisches Ehrenname. Heißt ›kluger kleiner Mann‹!« Dann lehnte er sich zufrieden auf seinem Stuhl zurück und äugte abwartend umher, welche Wirkung seine Phantasie-Übersetzung wohl haben würde. Auch ich war gespannt.

Jupp verfiel in tiefes, grüblerisches Schweigen, nachdem er von seinem ›finnländischen‹ Spezi die originelle Übersetzung erfahren hatte. Er ging sichtlich mit sich zu Rate, ob er Matti glauben könne, und wenn ja, wie er die Aussage dieser nordischen Frauensperson für sich zu interpretieren habe. Immerhin hatte sie ihn, vorausgesetzt, dieses Schlitzohr Matti hatte die Wahrheit gesagt, was er bezweifelte, als ›klugen Mann‹ bezeichnet. Weniger gefiel ihm das Attribut ›klein‹. Unsicher fixierte er Matti und versuchte, in dessen Gesicht zu lesen. Da wirst du keinen Erfolg haben, lieber Jupp, dachte ich, der Bursche kann ein regelrechtes Pokerface aufsetzen, wenn er will ...

Päivi blieb unterdessen gelassen: Sie hatte offenkundig beschlossen, sich auf keinen Disput mit Jupp oder einem anderen männlichen Wesen am Tisch einzulassen und sprach demonstrativ weiter Finnisch, wohl wissend, dass sie damit Jupp so richtig auflaufen ließ. Das mochte zwar nicht besonders höflich sein, war aber äußerst wirksam. Gleichzeitig lugte ihr der Schalk aus den Augenwinkeln, wie ich bemerkte. Es ist ja in der Regel so, dass auch zwischen Päivi und Matti die meisten Gefechtchen, Konfliktlein und sonstigen kleinen Dispute beiderseits nicht ganz ernst gemeint sind und daher in der Regel glimpflich ablaufen. Ich habe keinen der beiden jemals wirklich bösartig streiten oder gar erbittert ›Krieg führen‹ sehen. Im Gegenteil: Sie lieben sich aufrichtig und herzlich. Das nur nebenbei.

Während ich abwartend auf meinem Stuhl saß und diese Gedanken mir durch den Kopf gingen, war unser Freund Jupp zu dem Entschluss gekommen, Mattis Übersetzung als korrekt zu akzeptieren. Er entschied daher, dass Päivis Bemerkung erquicklich und – vor allem im Hinblick auf die Charakterisierung seiner Person als ›klug‹ – zutreffend sei. Gönnerhaft winkte er ihr quer über den Tisch im Stil royalen Grüßens zu, etwa in der Art, wie die Queen bei der Fahrt im offenen Landauer durch die Mall in London die Schaulustigen am Straßenrand zu grüßen pflegt.

Päivi registrierte Jupps joviale Geste mit Belustigung, blieb jedoch dabei, mit meiner gefühlvollen Ehehälfte konsequent finnisch zu parlieren. Dazu muss gesagt werden, dass es ein besonderes Erlebnis ist, wenn zwei Finninnen miteinander in ihrer Muttersprache sprechen. Denn – so zumindest ist meine persönliche Erfahrung – was angeblich den männlichen Bewohnern des nordischen Landes laut Überzeugung nicht-finnischer Besucher an Eloquenz abgeht, gleichen die Angehörigen des auch in Suomi schöneren Geschlechts ohne jedes Problem aus. Wenigstens, was Schnelligkeit, Intensität und Redezeit anbetrifft ...

Das lässt sich unschwer bei den von den Finnen heiß geliebten Anrufsendungen im Radio beobachten: Da kann man erleben, dass ein männlicher Anrufer minutenlang schweigend in der Leitung verharrt, weil er offensichtlich für sich erst klären muss, was der Moderator der Sendung mit der Frage »Wie findest du den Sommer in diesem Jahr?« bezweckt. Die Telefonverbindung wird auch nicht vom Sender gekappt, erstaunlicherweise. Offenkundig ist man in der Regie an derartige Pausen gewöhnt. Nach gefühlten zehn Minuten gewissenhaften Schweigens kommt dann die Antwort: »On kuuma!« (»Ist heiß!«).

Völlig anders verläuft ein derartiges Gespräch bei einer Anruferin. In diesen Fällen kommt es nicht selten zu einem Monolog der Dame, bei dem der Moderator Sendepause hat. Hier würde die Frage »Wie findest du den Sommer in diesem Jahr?« gegebenenfalls zu einem hervorgesprudelten Fachvortrag über die Großwetterlage in Finnland im vergangenen, vorvergangenen und aktuellen Sommer, die Anzahl der Zentner von im letzten und jetzigen Sommer eingefrorenen (selbstverständlich selbstgezüchteten! Bei den Preisen!) Erdbeeren, die zunehmende Verrohung der Jugend (bestimmt eine Folge des neumodischen Unterrichts an den Schulen) und die Kostenexplosion bei den Käse-, Milch- und Sahneprodukten führen. Nicht zu vergessen, wie teuer der Kaffee inzwischen geworden ist!

So. Und bevor der Aufschrei aus dem Publikum kommt: »Kann gar nicht sein! Dieser Matti ist doch ständig am Reden!« – Stimmt! Der Bursche ist halt die große Ausnahme unter den maskulinen finnischen Eingeborenen.

Anhand der von mir geschilderten Sprechgepflogenheiten finnischer Frauen sollte es unschwer möglich sein, sich das nimmermüde, beständig dahinplätschernde Geplauder der beiden ›Finnländerinnen‹ vors geistige Auge und Ohr zu führen. Jupp wurde zusehends unruhiger, da Päivi mit Bedacht immer mal wieder seinen Namen in ihren finnischen Vortrag einfließen ließ, oft ohne jeden sinnvollen Zusammenhang; es war schon ein bisserl boshaft ...

Endlich, nach schier einer Ewigkeit, gelang es dem nervösen Jupp, tief Atem holend, das Wort zu ergreifen. Er warf sich quasi todesmutig mit hochgerissenen Armen in eine sprechtechnische Bresche, die Päivi zu unser aller Verblüffung geöffnet hatte und stieß schnaufend hervor: »Ihr seid alle morgen Mittag zu uns nach Hause zum Essen eingeladen! Die Vreni freut sich schon!« Vreni ist seine langjährige Lebenspartnerin, eine patente, wiewohl etwas schwärmerisch veranlagte Mittfünfzigerin mit einem Hang zum Dichterischen. Mich hat sie besonders in ihr Herz geschlossen, weil sie, wie sie mir unlängst verkündete, in mir einen Gesinnungsgenossen sieht.

Das war eine willkommene Überraschung! Bisher waren auch meine bessere Hälfte und ich noch niemals zu den beiden eingeladen worden. Ich freute mich ehrlich auf den folgenden Tag.

14

Jupp verabschiedete sich bald nach dem Abendessen mit der Begründung, er müsse noch einiges für den morgigen Besuch von Päivi, Matti und uns vorbereiten. Päivi hatte mit sichtlich schlechtem Gewissen ihre Schwallfinnisch-Strategie abgebrochen, unmittelbar nachdem Jupp seine Einladung verkündet hatte. Ihr Gesichtsausdruck zeigte eindeutig, dass sie sich darauf freute, in eine deutsche Familie eingeladen zu sein. Und zwar, wie ich wusste, in eine urdeutsche: Vreni, zu Hochdeutsch Verena, stammt, wie ich einstens von Jupp erfuhr, aus dem urigen Oberbayern. Und Jupp selbst ist nicht nur gebürtiger, sondern tiefgrundüberzeugter Hesse.

Am Morgen nach unserem unterhaltsamen Abendessen meldete Päivi das Bedürfnis an, für den Besuch am Mittag in der nächsten Stadt nach einem Geschenk zu suchen, einem Mitbringsel für die Gastgeber. Ihr sehnlichster Wunsch: Es solle sich möglichst um ein typisch finnisches Accessoire handeln. So etwas müsse es doch geben, schließlich sei Finnland führend bei allem, was Design betreffe. Matti kommentierte das mit der Bemerkung, er selbst sei sowohl finnisch als auch hinsichtlich des Designs einzigartig. Nun, widersprechen konnte man ihm da nicht ...

Und Päivi hatte Glück: Meine kenntnisreiche Gemahlin und ich sind mit derartigen Wünschen vertraut. Insbesondere meine göttliche Ehefrau weiß so ungefähr über sämtliche Örtlichkeiten und Geschäftslokale, Versandhandlungen und anderweitigen Einrichtungen Bescheid, bei denen Finnland-bezogene Artikel in Deutschland erhältlich sind. Ich hatte ja schon in einem früheren Kapitel geschildert, dass wir zwar in ›good old

Germany‹ ansässig sind, unser deutsch-finnischer Haushalt jedoch in weiten Teilen finnisch geprägt ist, wie – meiner Überzeugung nach – wohl alle Wohnungen, in denen ein Teil der Bewohner aus dem hohen Norden kommt. Es würde aus diesem Grund für Päivi und Matti bestimmt ein reizvolles Erlebnis sein, bei Vreni und Jupp eine elementar-originaldeutsche Behausung kennenzulernen.

Übrigens hatte Matti mich doch tatsächlich schon kurz nach dem Aufstehen zur Seite genommen und in einem unerklärlichen Anfall von Großmut flüsternd angefragt, was ich von der Idee hielte, den Gastgebern des heutigen Mittagsmahls den Autoreifenschwan aus dem Schuppen als besondere Aufmerksamkeit zu überreichen. Er verzichtete dann allerdings auf die Umsetzung dieses Vorhabens, weil ich ihm erklärte, man könne doch nicht ein selbst erhaltenes Geschenk einfach weiter verschenken!

Wir machten uns also am frühen Vormittag auf, um ein passendes Präsent für unser bayrisch-hessisches Ehepaar zu erstehen. Matti, der wieder neben mir im Auto saß, zeigte eine wahrhaft todunglückliche Miene: Er hatte in der »Hetze des Aufbruchs« (O-Ton Matti) den geliebten Holzfällerhelm auf dem Tisch im Gästezimmer liegen lassen. Unter ›Hetze‹ ist im konkreten Fall zu verstehen, dass er etwas über eine Stunde mit Duschen, Zähneputzen und Rasieren verbrachte und nachher aus allen Wolken fiel, als Päivi auf Abfahrt drängte. Zudem hatte Päivi energisch durchgegriffen und seine Parteigründungs-Dokumente rigoros asserviert. Das hieß allerdings nichts anderes, als dass sie die Stapel komplett in der Papierabfalltonne eingelagert hatte.

Mein lieber Freund hatte demnach allen Grund, niedergedrückt zu sein. Was ihn einigermaßen aufrecht hielt, war der von ihm leidenschaftlich verfolgte Plan seiner Kneipeneröffnung in Finnland. Bei diesem Vorhaben rechnete er »ganz klar«, wie er meinte, sowohl auf meine Unterstützung, als auch auf die Mithilfe der zartgebauten Doris, jener flink-burschikos-anmutigen Bedienung des ›Fröhlichen Ochsen‹ mit ihren – unter dem Aspekt der Höflichkeit – kräftig zu nennenden Oberarmen.

Ich war insgeheim gespannt darauf, welcher Art die Erwerbung sein würde, die als Geschenk für Vreni und Jupp dienen sollte. Schließlich bin ich vertraut mit den typischen Interieurs finnischer Wohnungen, und in dem von meiner auch dekorationsbezogen in jeglicher Hinsicht sattelfesten Ehehälfte avisierten Geschäft würden, das wusste ich, genau diese Highlights teils längst abgelebter finnischer Designer erhältlich sein. Dieser etwas kompliziert und verschlungen formulierte Satz meint konkret: Es kommen für Finnen bei derartigen Anlässen drei Dinge in Frage: 1. eine der berühmten Vasen von Alvar Aalto, 2. ein Stoffprodukt der Firma Marimekko oder 3. ein Holzartikel von Aarikka.

Darf ich schon an dieser Stelle verraten, was sich bei unserer Rückfahrt in der wirklich ansprechend bedruckten Plastiktüte des nordisch orientierten Ladens befand, die Päivi sorgsam auf dem Schoß hielt? Genau: jene elegant geschwungene Blumenvase des international renommierten Multitalents Aalto.

Damit ich richtig verstanden werde: Dieses Objekt ist stilvoll, apart, auserlesen, edel, exquisit, hochwertig. Und es zeugt sicher von erstklassigem Geschmack – aber muss es immer und ausnahmslos in jedem auch nur einigermaßen finnisch angehauchten Haushalt stehen?

Andererseits: Wenn ich an die allüberall in den deutschen Wohnungen anzutreffenden Figuren und Figürchen der Kategorie Nippes und die Sitzgarnituren und Schrankwände des ›Gelsenkirchener Barocks‹, die man dort in wahrhaft drückender Schwere vorfindet, denke ... oder die ach so beliebten Kunstdrucke überm Ehebett, mit Darstellung einer nahezu oder auch völlig barbusigen, schwarzhaarigen, in furchterregender, ungezähmter Wildheit aus dem Rahmen blickenden Dame oder eines milde, vielleicht auch leicht verzweifelt blickenden Jesus mit lodernd brennendem Herzen ... Ich muss gestehen, da ist mir – ich darf ihn mal respektlos so bezeichnen – der Glas-Blumenkübel des verehrten, guten alten Aalto doch lieber, und das Gleiche gilt für die farbenfrohen Stoffe von Marimekko.

Doch ich komme zurück aus diesen fast philosophischen Dekorationsgedanken in die harte Realität: Es nahte die Mittagszeit und damit der Aufbruch zu Vreni und Jupp. Ich war voller Erwartung, wie es dort aussehen würde, denn ich war bisher noch niemals dort gewesen, wie gesagt.

Wir vier hatten uns in Schale geworfen: Päivi im schicken, großzügig geschnittenen und bunt gemusterten Marimekko-Kleid, meine anmutsvolle Gemahlin in wahrhaft kessen Jeans mit passendem T-Shirt derselben finnischen Designerfirma, Matti in fleckenlos reinem, rot gewürfeltem Karohemd und mausgrauen Beinkleidern aus Baumwoll-Popeline (keine Ahnung, woher er dieses Ensemble hatte), ich selbst im leichten, schon etwas älteren Leinenanzug, den ich so liebe, weil er meinen zarten Körperbau schmeichelnd umfließt.

Päivi trug den hübsch in Geschenkpapier verpackten Karton mit Aaltos Vase in ihren Händen, sorgsam bei jedem Schritt darauf achtend, nicht zu stolpern. Sie hatte zu Hause noch rasch per Föhn das Preisschild abgelöst, was Matti mit der für ihn klassischen Bemerkung kommentierte: »Dumm! Sehr dumm! Viel Arbeit! Besser, Zwei vor Preis malen!« Na klar, der

Preis hätte dann eindrucksvoll die Marge von 200 Euro überschritten ...

Bär Matti hielt mehr oder weniger graziös einen betörend duftenden Blumenstrauß für Vreni in seinen Pranken. Zu diesem Job war er von Päivi unter heftigsten Protesten seinerseits verdonnert worden.

Vreni und Jupp erwarteten uns schon an der Haustür, Vreni im echt bayrischen Dirndl, hübsch anzuschauen. Jupp hatte ich bis dato noch bei keiner Gelegenheit so gesehen, wie ich ihn nun sah, so ... so ... fashionable. Er trug doch tatsächlich einen dunklen Anzug mit zart blauem Hemd und Silberkrawatte sowie, Gipfel der Eleganz, eine weiße Nelke im Revers. Wie unschwer erkennbar, bildeten wir sechs ein buntes Potpourri unterschiedlichster Modetrends.

Wie verdutzt war ich, als mein lieber Freund Matti Vreni mit formvollendeter Verbeugung seine Blumen überreichte! Der Bengel überrascht einen doch stets aufs Neue. Vreni ihrerseits strahlte ihren finnischen Cicisbeo freundlich an und bedankte sich mit einem herzlichen »I soag: Vergelt's Gott!«. Was nun allerdings die deutschen Sprachkenntnisse des Herrn im Karohemd doch mal überforderte, denn er blickte mich hilfesuchend an. »Sie meint, du bist für sie ein Gott!«, informierte ich meinen Kumpel flüsternd, eingedenk seiner Übersetzungskünste gegenüber Jupp am gestrigen Abend und somit als kleinen Rachefeldzug. Das ging dem finnischen ›Holzfällerbuabn‹ allerdings runter wie Öl, wie ich vergnügt wahrnahm.

Der Tag war wieder sonnendurchflutet, man fühlte sich im Freien, in der Glut der Mittagshitze, wie in der finnischen Sauna. Da tat die Kühle in Vrenis und Jupps Hausflur gut. Denn hier hinein drang nur durch die Siebziger-Jahre-Glasbausteine neben der Eingangstür etwas Sonnenlicht, und es herrschte ein fast geheimnisvolles Halbdunkel. Vage erkannte ich in der Diele eine Garderobe, von der Decke baumelte eine ganz eindeutig schmiedeeiserne Latüchte, wie mir mein Schädel meldete, als ich – »Au!« – mit ihr unsanft Bekanntschaft machte. Und: Nicht etwa meine Schmerzensäußerung, sondern der metallisch-glockenartige Klang beim Zusammenstoß veranlasste Jupp immerhin dazu, die Leuchte mit leichter Verzögerung anzuknipsen.

Hätte er das nur mal früher getan! Denn wir alle waren, geblendet durch das grelle Sonnenlicht draußen, in der mystischen Düsternis des Flurs so gut wie blind. Matti bestätigte dieses Handicap umgehend, indem er den auf einem kleinen Rattanschemelchen seitlich der Garderobe apart arrangierten Gummibaum aus Versehen mit seinen Bärentatzen attackierte. Das hatte dieses Pflänzchen nicht so gerne: Es tat einen kräftigen Schlag, und das grüne Gewächs befand sich in der Horizontalen.

Aber, oh Wunder: Weder Vreni noch Jupp gerieten ob des Malheurs in Aufruhr. »Nicht schlimm! Das kommt öfter vor!«, tönte es von der Stelle, an der ich bei der in diesem Moment noch herrschenden Finsternis (denn der Lüster, der wenige Sekunden zuvor einen Härtetest mit meinem Denkkasten unternommen hatte, verbreitete seinen milden Schein noch nicht) unseren Gastgeber vermutete. Dann, als es hell wurde im Entrée unserer lieben Freunde, sah man Jupp sich bücken und energisch Gummigewächs samt Topf zurück auf den Hocker stellen. Und kein abgebrochenes Blatt am Gummibaumstamm! Keinerlei Scherben! Nicht ein Krümelchen Erde auf dem Boden! Wie das?

Unauffällig schlich ich mich näher, gab mir den Anschein, helfen zu wollen. Dabei, ich beichte es, ging es mir doch nur darum, das ›Mysterium der unversehrten Grünpflanze‹ zu lösen. Vorsichtig berührte ich die fleischigen Blätter des Gebildes. Eigenartig trocken, hutzlig und ledern fühlten die sich an. Und da vernahm ich auch schon Jupps Stimme, nicht ohne Stolz: »Der ist nicht echt, stammt aus dem Büro von meinem Chef, der hatte ihn beim Umbau weggeworfen. Da hab' ich ihn mitgenommen. Den Baum meine ich, nicht den Chef. Vreni wollte schon immer einen Gummibaum haben. Ist er nicht schön?«

Nun, da konnte man sicherlich geteilter Ansicht sein. Doch eines beeindruckte mich stark: Vreni mochte also diese Art von Dschungelpflanze, und ihr treuer Jupp erinnerte sich im passenden Moment, nämlich in der Stunde des Chefbüro-Ausmistens, an diesen Herzenswunsch seiner Liebsten. Wenn das kein Zeichen einer wahren Liebe ist!

Auch Päivi und Matti schauten mit Interesse auf das immergrüne Gewächs. Matti befühlte die Synthetikblätter kennerhaft und meinte, genau so etwas müsse in seinem neuen Lokal zu Hause zu finden sein. Diese Ausführungen lösten, wie beim Schein der Flurlaterne klar zu erkennen, bei seinem neuen ›deutschländischen‹ Freund Jupp Freude, Stolz und Wohlbehagen aus und führten zu dessen fröhlicher Ankündigung: »Wir haben im Betrieb noch mehr davon; ich frag' mal nach, ob ich welche umsonst bekommen kann, die geb' ich dir dann!«

Päivis etwas gedämpftere Begeisterung bei der Aussicht, unechte Gummibäume in größerer Zahl angeliefert zu bekommen, spiegelte sich in ihrem Gesicht wider (Ich höre aus meiner Leserschaft die Frage: »Wie sollen die Dinger überhaupt nach Finnland kommen?« Matti würde bei dieser Frage nur erstaunt den Kopf schütteln ... Selbstverständlich durch meine großmütige Ehefrau und meine Person, durch wen denn sonst? Schließlich stand, wie schon ausgeführt, in Kürze unsere nächste Nordlandreise an!). Sie begnügte sich aber damit, Matti auf Finnisch zuzuraunen: »Lopeta nyt!!« (»Hör' jetzt auf!«). Das hatte logischerweise zur Folge, dass Jupp sich bei Matti erkundigte, was das heiße. Die unverfrorene Antwort des Burschen kam postwendend in seinem speziellen Deutsch: »Sie es kaum erwarten kann!« Ich betrachtete Päivis jäh umwölkte Stirn, tätschelte begütigend ihre Schultern und flüsterte ihr beruhigend ins Ohr: »Ich kümmere mich später darum!« Dann drängte ich die Mannschaft sanft weiter ins Wohnzimmer.

Päivi hielt immer noch ihre Aalto-Vase in Händen. Ich vermute, sie war überaus glücklich, sie unversehrt durch die Dämmerung des Flures gebracht zu haben. Nun überreichte sie Vreni das Päckchen mit den Worten: »Hier, Frau Vreni, ein finnisches Geschenk für euch. Ist von einem berühmten finnischen Mann.« – »Aber dieses Mann nicht ich bin!«, tönte ihr Ehegespons sogleich und konnte sich gar nicht mehr einkriegen vor Lachen über diesen seiner Meinung nach äußerst gelungenen Witz. An dieser Stelle muss ich einflechten, dass Matti in seinem engeren und weiteren Bekanntenkreis den Ruf besitzt, sich über die von ihm gerissenen, seiner eigenen Einschätzung nach ausnahmslos nicht nur geglückten, sondern einmaligen Witze stets hemmungslos, dauerhaft und am lautesten zu amüsieren. Diesen Ruf hat er, wie unschwer vorstellbar, natürlich nicht ohne Grund erlangt.

Vreni, Päivi und wir anderen beachteten den Possenreißer sicherheitshalber gar nicht; anscheinend hatte auch Vreni blitzschnell erfasst, wes Geistes Kind Matti ist.

Vreni packte das Mitbringsel sorgsam aus, anschließend begutachtete ihr Göttergatte es fachmännisch, beide zeigten offensichtliche Freude über das Geschenk. Vreni dekorierte umgehend die mitgebrachten Blumen darin. Und, ich muss es offen zugeben, die Wahl dieses klassischen Angebindes durch Päivi und meine kultivierte Angetraute (denn diese beiden hatten den Kauf entschieden) war richtig. Es sah wirklich hübsch aus, die zeitlos-neutrale Vase hat ja den Vorteil, dass sie prinzipiell zu jedem Interieur passt. Sogar auf dem massig-üppigen Wohnzimmertisch (dunkelbraun) mit den beigefarbenen Fliesen, der gerade noch seinen Platz zwischen der ausladenden Kunstledergarnitur (dunkelbraun) und der Holzschrankwand (dunkelbraun) mit Bücherregal, gefüllt mit ungelesenen Buchklub-Bänden, gefunden hatte, präsentierte sich Aaltos Designobjekt stilvoll und erstklassig.

Vreni hatte auf der Terrasse gedeckt, unter der Jalousie war es angenehm kühl. Wir saßen bequem auf den Gartenstühlen, es wurde gegrillt. Welche Wonne für Matti! Wieder mal hatte er sofort sein Betätigungsfeld gefunden: Er gab pausenlos sein Fachwissen über dieses Metier zum Besten und betätigte sich vor allem aktiv als der Grillmaestro per se. Fügte hier ein Holzköhlchen zu, schob die Glut in einer Ecke enger zusammen, zog sie an der anderen Ecke auseinander, wendete dort ein Steak um, um es gleich darauf wieder zurückzudrehen, blies pausbäckig ins Feuer, verlangte wortreich und energisch »ein besseres Zange«, weil ihm ungeschickterweise die vorhandene neben den Grill ins Goldfischbecken gefallen war, tauchte, weil Jupp meinte, er habe nur dieses eine Greifinstrument, bäuchlings am Beckenrand liegend, mit beiden Armen ins Wasser, um das Werkzeug zu bergen, vergaß dabei, die Hemdärmel hochzuschieben und fluchte (rücksichtsvoll, wie er ist, auf Finnisch) über den tropfnassen Stoff, bedachte mich (ebenfalls auf Finnisch) mit allerlei freundlichen Ausdrücken, weil mir das Geschehen die ganze Zeit über beträchtliches Vergnügen bereitete, weswegen ich den Ereignissen rücksichtsvoll grinsend und passiv, seiner empörten Meinung nach allerdings »stinkefaulig« beiwohnte und erhielt von Vreni ein anderes Hemd aus Jupps modischem Kontingent, das er der Größe wegen allerdings nicht schließen konnte, zumal es nur knapp über seine Brustwarzen reichte. Von seiner Päivi aber bekam er eine ernste Ermahnung, sich gefälligst zusammenzureißen, alldieweil Jupp mit Erfolg das Greifgerät aus den Tiefen des Fischbassins hob.

Trotz dieser Unbill gelangen die Steaks dank Jupps und Vrenis Eingreifen nicht übel. Wir widmeten uns bald dem Verzehr dieser Köstlichkeit. Erstaunlicherweise tolerierte Päivi entgegen ihrer sonstigen Art, dass wir Männer als flüssige Beilage Bier tranken. Matti insbesondere war wieder begeistert über die hier vielfach üblichen Halbliter-Flaschen. Das, meinte er mit ernster Miene, sei ein echter Fortschritt gegenüber den in der Regel lediglich 0,33 Liter enthaltenden finnischen Bierfläschchen. Diese Bemerkung musste er jedoch umgehend bereuen, denn ich hörte ein schmerzhaftes »Aijai!« aus seinem Mund. Wie er mir später hinter vorgehaltener Hand anvertraute, war der Grund für diese ungewöhnliche Gefühlsregung ein hingebungsvoller Tritt von Päivi unter dem Tisch.

Im Anschluss an das Festessen, und nachdem die Tafel abgeräumt war, verschwand Vreni für einen kurzen Moment im Inneren des Hauses. Zurück kam sie mit einem Büchlein in der Hand. Mit mädchenhafter Schüchternheit fragte sie an, ob sie einige ihrer Gedichte vortragen dürfe? Päivi und Matti sprächen so hervorragend Deutsch, dass sie sicherlich verstünden, was sie geschrieben habe. Es wäre ihr eine große Ehre, zumal sie - sie kicherte wie ein Teenager - extra einen Text über Finnland verfasst habe, obgleich sie noch niemals dort gewesen sei.

Ich habe schon früher auf Vrenis Faible für poetische Werke

hingewiesen, in weiser Voraussicht. Ergänzen muss ich, dass dieses Interesse nicht nur im Konsumieren entsprechender Aufzeichnungen besteht, sondern auch und vor allem eigene dichterische Produktionen beinhaltet. Dabei gelingen Vreni durchaus bemerkenswerte Texte, die oftmals – zumindest für meine Ohren – gar nicht mal schlecht sind.

Päivi, meine verständnisvolle bessere Hälfte und ich waren sofort einverstanden, Jupp, mit stolzgeschwellter Brust, nickte ebenfalls, und Matti, grundsätzlich kein Freund von Poesie, unterwarf sich wortlos der Mehrheitsmeinung. Vreni nahm in einem der Gartenstühle Platz, und die Rezitation begann, wobei sie meinte: »Das folgende Gedicht hab' ich nur zum Spaß ganz schnell vorhin hingekritzelt! Also, nicht ernst nehmen!«

Finnland, Land meiner Träume

Ach Finnland, du,
so fern und kalt,
und voller Wald und Seen,
auf denen Winde weh'n.
Wie gern möcht' ich
dich einmal seh'n,
in deinem Wald spazieren geh'n.
Das wäre schön.

Ich möcht' in deinen Wassern baden,
an deinen Ufern Fische braten,
und dann in eine Sauna geh'n.
Auch das wär' schön.
Ach Finnland, du,
du bist so fern,
bist fast auf einem ander'n Stern.

Viel rascher ist man in der Rhön:
Auch da ist's schön.
Jedoch, die Rhön
ist nicht so schön,
wie du, oh Finnland, hoch im Norden,
mit deinen Orten.
Ich war noch niemals dorten.

Das allseitige Vergnügen an diesem albernen Text störte Vreni in keiner Weise. Im Gegenteil, das lag ja offensichtlich in ihrer Absicht, und sie genoss unsere Belustigung. Päivi und Matti hatten den Text weitgehend verstanden, nur mit der »Rhön« konnten sie nichts anfangen, bis wir ihnen Aufklärung gaben.

Es folgten noch weitere Werke, von denen ich hier eines wiedergebe, um der aufmerksamen Leserschaft zu zeigen, dass Vreni durchaus auch gehaltvollere Texte verfassen kann:

Bist einfach da

Da bist du: duldsam, zugewandt, voll Treue.
Und voll Vertrauen stellst du keine Fragen,
was ich bereue oder was ich scheue.

Bist ohne Zögern, ohne Klagen,
stets neben mir.
Sagst niemals ›ich‹,
sagst immer ›wir‹.
Bist einfach da.

Es war ein kurzweiliger Nachmittag und Abend. Matti verkündete zu vorgerückter Stunde, leicht benebelt, er habe die feste Absicht, aus Deutschland ein typisch deutsches Andenken mit nach Hause zu nehmen. Auf Jupps und meine Erkundigung hin, was ihm da vorschwebe, eröffnete er uns sein Vorhaben: Ihm stünde schon seit längerem der Sinn nach einer Original Schwarzwälder Kuckucksuhr. Und zwar nicht irgendein Standardmodell, sondern eine spezielle Ausführung. Als ich daraufhin anfragte, was er damit meine, stach er mir und Jupp mit dem Zeigefinger in die Brust und informierte uns mit betont deutlicher Aussprache: »Ich hole in schwarzem Wald Kuckucksuhr. Aber nicht mit Kuckuck! Mit Elch, das aus Tür kommt und ›Kuckuck‹ ruft!«

Wir fanden die Idee ansprechend und reizvoll und nahmen uns vor, schon morgen zusammen in den Schwarzwald aufzubrechen, als Männerausflug. Jupp schwor Stein und Bein, er kenne persönlich einen Kuckucksuhrmacher aus seiner Zeit als Handelsvertreter für Uhren (Ich hatte bis dahin keine Ahnung, dass er als solcher einmal gearbeitet hatte; auf Nachfrage bestätigte er aber diese Aussage: »Jahrelang! Jahrelang!«). Der würde mit Sicherheit keine Schwierigkeiten machen, den Kuckuck gegen einen Elch auszutauschen, wie er unschwer in jedem Bastelgeschäft oder Spielwarenladen zu haben sei.

Außerdem habe er, Jupp, ja Zeit, schließlich habe er Urlaub. Und für seinen Freund Matti würde er alles tun! »Alles!«, bekräftigte er mit vernehmlicher Stimme und hob die rechte Hand zum Schwur. Daraufhin legte Matti seine Arme um ihn, hob ihn hoch und drückte ihm anerkennende Küsse auf beide Wangen.

Als wir spät in der Nacht nach Hause zogen, waren sowohl Päivi als auch Matti voll des Lobes für ihre deutschen Gastgeber. Wir verzogen uns sofort in unsere Betten, denn wenn es auch wie ein Witz geklungen hatte und unsere Frauen nur ihre

Köpfe schüttelten, mit der Bemerkung, »ihr seid Spinner!«: Der nächste Tag sollte uns drei Männer im Schwarzwald sehen, auf der Pirsch nach einer Kuckucksuhr mit Elch.

15

Matti auf dem Rücksitz, lauthals singend, Jupp neben mir, mit beiden Händen ›dirigierend‹, ich selbst lässig in ›Opel-Manta-Fahrer-Manier‹ halb auf der Mittelkonsole liegend, im Rhythmus des Abba-Gesangs meines finnischen Freundes meinen Kopf vor- und zurückbewegend wie ein Huhn beim Dauerlauf: So fuhren wir der Sonne, dem Schwarzwald und Mattis Elch-Kuckucksuhr entgegen. Es war etwa zehn Uhr morgens, als wir aufbrachen. Matti hatte zwar wegen der »Nachtslosfahrt« gemeutert, dann aber nachgegeben, weil sowohl Jupp als auch ich ihm klarmachten, dass wir rechtzeitig starten mussten, wenn er die ersehnte Uhr am heutigen Tag sein eigen nennen wollte.

Jupp, zuverlässig wie immer, hatte schon am frühen Morgen bei dem Kuckucksuhrbauer angerufen, ihn, wie er berichtete, »wohl aus dem Bett geworfen«, uns angemeldet und bei dieser Gelegenheit auch sogleich Mattis spleenigen Wunsch weitergegeben. »Zuerst dachte er, ich wolle ihn auf den Arm nehmen«, erzählte er uns, als er bei uns eintraf, »ich hatte meine liebe Mühe, ihn zu überzeugen, dass es ernst gemeint ist.« Die Schilderung dieser Problematik löste bei Matti Verwunderung aus. Er fand sein Anliegen völlig normal.

Wir drei hatten schon am Vorabend vereinbart, uns der Jahreszeit und dem Anlass (»Matti: »Männermannreise zu Kuckuck!«) entsprechend auszustaffieren. Daher hatten wir – selbstverständlich nur der grell gleißenden Sonne wegen – großkalibrige Sonnenbrillen aufgesetzt und auch unser sonstiges Outfit den aktuellen sommerlichen Temperaturen angepasst. Zur allgemeinen Begeisterung (und zur für uns Männer unverständlichen

Erheiterung der Damen) umfasste mein Garderobenreservoir eben auch die erforderliche, mit viel Akribie ausgewählte Oberbekleidung für Matti und mich. Einmal mehr zeigte sich bei dieser Gelegenheit, wie überaus hilfreich ein derart umfangreicher Kleiderfundus sein kann. Denn zu den edlen, knielangen Shorts, die unsere wirklich außergewöhnlich wohlgeformten Unterschenkel stilvoll, aber trotzdem unaufdringlich akzentuierten, gehörten die figurbetonten, kurzärmeligen Freizeithemden mit dezentem, farbenfrohem Blumen- muster einfach dazu.

Jupp konnte sich gottlob aus seinem eigenen Bestand selbst versorgen. Für seine bereits mehrfach geschilderte feingliedrige Statur hätte sich unter meinen Bekleidungs-Requisiten nur schwerlich etwas Passendes gefunden.

An den Füßen trugen wir, leichtfüßig wie wir nun mal sind, Sandalen. Zu diesem Punkt hatte es eine längere Diskussion gegeben, weil Matti darauf bestand, wir hätten Wollsocken aus meinem Winterlager anzuziehen. Ohne diese dicken Strümpfe in Sandaletten gäbe keiner von uns ein wirklich echtes urdeutsches Bild ab, argumentierte er, nicht ganz zu Unrecht.

So herausgeputzt ähnelten wir dreieiigen Drillingen, von denen der letztgeborene (Jupp) sich eindeutig sein gesamtes Leben lang nicht von seiner innergebärmutterlichen sowie postpartalen Mangelversorgung hatte erholen können ...

Die vor uns liegende Wegstrecke war glücklicherweise nur relativ kurz, zumindest im Vergleich mit den Distanzen in Finnland. Dort bin ich mehrfach mit Freunden 70 oder auch mehr Kilometer (*eine* Strecke) gefahren, nur um ins nächste Kino oder Theater zu kommen. Für unsere Schwarzwaldtour veranschlagte ich zwei bis drei Stunden für die Hin- und ebenso lange für die Rückfahrt.

Im Verlaufe der bisherigen Besuchstage von Päivi und Matti hatte ich während der ersten Woche doch Zeit gefunden, unser Fahrzeug in die Werkstatt zu bringen. Ich erteilte dort den Auftrag, die auf der Fahrt von Travemünde durch meinen mit bemerkenswert destruktiver Genialität ausgestatteten Freund erfolgreich vollbrachten Defekte zu beseitigen. Dies erforderte den Einsatz des gesamten Werkstatt-Teams und bereitete, wie ich erfuhr, erhebliche Schwierigkeiten. Sie führten unter anderem dazu, dass der Werkstattinhaber mich anrief und fragte, ob ich nicht lieber ein neues Auto kaufen wolle, seine gesamte Belegschaft sei mit der Reparatur meines Fahrzeugs beschäftigt und der Verzweiflung nahe. Sein Meister trüge sich schon ernsthaft mit suizidalen Gedanken, und auch er selbst neige allmählich dazu, seinem Leben ein Ende zu setzen ...

Aber das war mir egal, ich gab nicht nach. Und siehe da: Das einzig dauerhafte Problem, das die eifrigen, fachkundigen Kfz-Mechatroniker nicht lösen konnten, war die Störung der Heizungsfunktion. Die Vorrichtung ließ sich nach wie vor nicht nach Wunsch regulieren, sie hatte sich selbsttätig auf Maximalhitze einreguliert. Daher hatten wir bei unserem jetzigen Ausflug ausnahmslos alle Fenster im Wagen geöffnet und brausten, unsere fülligen Locken gezaust vom Fahrtwind, über die Straßen. Es war ein Gefühl wie im Cabrio mit Dach.

Matti bewies enormes Durchhaltevermögen bei seinen Gesangsdarbietungen. Nachdem er mehrfach das Repertoire von Abba vorgetragen hatte, von Jupp fachkundig in der zweiten Stimme (jedenfalls vermute ich, es sollte die zweite sein, bin mir aber nicht hundertprozentig sicher) begleitet, wechselte er unverhofft ins Finnische und präsentierte eine Zusammenstellung melancholischer Lieder seiner Heimat.

Das missfiel unserem sangesfreudigen Jupp sehr, weil er sich nicht beteiligen konnte. Er versuchte zwar wiederholt, seinen Heldentenor einzubringen, scheiterte aber zu seiner Enttäuschung regelmäßig spätestens nach dem zweiten Takt. Aus schierer Verbitterung startete er schließlich einen gesangstechnischen Gegenangriff und schmetterte deutsche Volkslieder. Noch heute läuft es mir nicht gerade eiskalt, aber doch recht kühl den Rücken hinunter, wenn ich denke, welche dissonanten Klänge beim Passieren der friedlichen, idyllischen Örtchen auf unserer Fahrt aus unserem Fahrzeug gedrungen sein müssen ...

Ich erinnere noch deutlich die peinliche Situation vor einer roten Fußgängerampel in einem der von Katastrophen jeglicher Art (bis zu diesem Zeitpunkt) verschont gebliebenen Dörfer inmitten friedlicher Wiesen und Wälder: Drei nicht mehr ganz jugendliche Männer mit überdimensionierten Sonnenbrillen im Gesicht und in buntgeblümten Sommerhemden hielten bei Rot. Einer, der Fahrer nämlich, duckte sich möglichst tief hinters Steuer, um nicht gesehen zu werden, die beiden anderen trällerten aus voller Brust Lieder in deutscher und irgendeiner völlig unbekannten Sprache ... Ich bin überzeugt davon, dass mehr als einer der wartenden Passanten, die diese Kakophonie erlebten, uns für Psychiatrie-Insassen hielt, die sich selbst entgegen ärztlichem Rat entlassen hatten.

Gegen Mittag, nicht mehr allzu weit von unserem Ziel entfernt, steuerte ich auf Jupps Anweisung hin das Zentrum einer Kleinstadt an. Gottlob hatten sich meine beiden Reisebegleiter währenddessen heiser gesungen und hingen einigermaßen dahingestreckt in ihren Polstern. Matti konnte – oh welch Glück! – nur noch flüstern, Jupp lenkte mich, wie ein flügellahmer Rabe krächzend, durch die Straßen der Stadt zum Marktplatz. Hier gebe es, wie er aus seiner Zeit als Außendienstler wisse, ein wohlsortiertes Spielwaren- und Bastelgeschäft, dessen Inhaber Elchliebhaber sei. Da würden wir bestimmt bei unserer Suche nach geschnitzten Elchen fündig.

Und dem war auch so. Wenigstens standen wir kurze Zeit später vor besagtem Laden und erfreuten uns der Tatsache einer fest verschlossenen Eingangstür. Wir waren eben nicht in einer Großstadt, sondern in einem Städtlein, dessen Einwohnerzahl nur nach vierstelligen Tausendern zählt. Ein handgemaltes Schild im Schaufenster informierte uns: Mittagspause, von 12 bis 14 Uhr, und ein Blick auf die Turmuhr der nahegelegenen Pfarrkirche zeigte halb eins.

Matti schimpfte, diesmal auf Deutsch: »Blödes Uhr!«, obgleich die nun ja wirklich nichts dafür konnte, dass wir warten mussten. Das hinderte meinen finnischen Kumpel erwartungsgemäß in keiner Weise daran, die unschuldige Kirchturmuhr weiter verbal zu attackieren. Seine Vorwürfe gipfelten in dem Ausruf: »Dummes Uhr! Wenn wenigstens Kuckucksuhr wäre!« Ich stellte mir das bildhaft vor und fand, ebenso wie Jupp, dass das endlich mal ein kreativer und innovativer Vorschlag von ihm war ...

Was tun, bis der Laden öffnet? Von Matti tönte wie üblich der Ruf: »Hunger!«, Jupp meinte, er könne durchaus auch was Essbares vertilgen, ich selbst verspürte ein dezentes Ziehen in der Magengrube. Naheliegende Entscheidung: Wir starteten die Suche nach Verköstigung. Die Miniminimini-Fußgängerzone unseres Aufenthaltsortes führte uns vom Marktplatz in Richtung einer winzigen Grünanlage, die, damit etwaige unwissende Besucher wie wir erfuhren, wo sie sich derzeit befanden, mittels eines überdimensionierten Schildes als »Zentralpark« gekennzeichnet war. Immerhin: Es gab drei Bänke und – wir schöpften neues Vertrauen in die Zukunft – zu unserem Wohlgefallen eine Imbissbude.

Mattis Augen begannen zu leuchten, als er der schmalen Hütte ansichtig wurde. Ihn störte ihr leicht verschlissener, jammervoller Zustand nicht im Geringsten.

Mir war sofort klar, was Mattis Begehren sein würde: Vor Jahren hatte meine hilfsbereite Ehegattin einmal eine Gruppe finnischer Touristen auf ihrer Fahrt durch deutsche Lande betreut, als Dolmetscherin und Reisebegleiterin, freundschaftshalber. Als sie zurück war, hatte sie einiges zu erzählen ... Neben verschiedenen anderen Dingen, die an sich wert wären, berichtet zu werden, was ich aber vielfältiger Gründe wegen nicht tue, war ein sehr zentrales Thema der finnischen Reisenden die deutsche Currywurst.

Und siehe da, meine Ahnung trog nicht: Matti verlangte von der abwartend an ihrem Glastresen lehnenden Herrin der Pommes frites, Kraut- und Kartoffelsalate, Buletten und Schnitzelbrötchen eine reichlich mit Curry bestreute Wurst und konnte die Auslieferung der ersehnten Delikatesse kaum erwarten. Mit vollen Backen kauend, schwärmte er von dem rund-länglichen Leckerbissen: »Ist gut! Muss ich noch eines haben!«, und bestellte sich konsequent eine zweite Portion.

Wen wundert es wohl, wenn ich vermelde, dass mein leiblichen Genüssen so zugetaner Freund das Gericht ›Currywurst‹ unverzüglich auf die Speisekarte seines in Bälde zu eröffnenden Lokals in Suomi setzte?

Damit nicht genug: Doris, die resolute Bedienung vom ›Fröhlichen Ochsen‹, erhielt prompt Konkurrenz. Denn der angehende Herr Gastronom von eigenen Gnaden entschied noch während des Verzehrs der zweiten Wurst, dass die rundliche Imbissverkäuferin namens Helga (schon bei der ersten Bestellung hatte er ihren Vornamen eruiert) ebenfalls zu seinem zukünftigen Personalstamm zähle. Es war ein Glück, dass Helga ganz offensichtlich mit beiden stämmigen Beinen auf dem Boden stand und zu Mattis Angebot des Arbeitsplatzwechsels nur verschmitzt, weise und abgeklärt lächelte. Unabhängig davon bewies sie ihr Verkaufstalent, indem sie ihm eine dritte Currywurst offerierte. Matti griff dankend zu.

Aus dem Engagement wurde demnach mangels Interesse seitens Helgas nichts. Wir verabschiedeten uns deswegen, sobald Jupp und ich unsere Rindswurst beziehungsweise Bratwurst genüsslich vertilgt hatten. Außerdem zeigte die Kirchturmuhr inzwischen auf kurz vor 14 Uhr. Matti hatte Tränen in den Augen, als er sich von Helga verabschiedete. War Seelenschmerz der Auslöser oder doch nur der verteufelt scharfe Senf? Wie dem auch sei, er hinterließ ihr seine Adresse und ermunterte sie, ihn zu kontaktieren, falls sie ihre Meinung doch noch ändern sollte.

Im Bastelladen trafen wir einen älteren Herrn mit schütterem Haar und freundlichen Augen. Matti steuerte direkt auf ihn zu und begrüßte ihn ohne Zögern mit: »Elk!«, was wohl »Elch!« heißen sollte. Er erntete daraufhin vom Ladeninhaber (denn um diesen handelte es sich eindeutig) neben einer gefälligen Verneigung die Antwort: »Angenehm, Klaus-Peter Jautelmeier!« Dies veranlasste mich, klärend einzugreifen. »Nein, nein, Herr Jautelmeier, es geht darum, dass wir Elchfiguren suchen, möglichst aus Holz geschnitzt. Führen Sie so etwas?«

Der Gebieter über ein beeindruckendes Sammelsurium von Modellbaukästen, Strohblumen, Klebstoff und Farben, Kartonagen, Holzwaren und Spielsachen sowie tausenderlei andere Spiel- und Bastelartikel jeder Kategorie lächelte gewinnend. »Da sind Sie bei mir richtig, meine Herren!« Und er führte uns drei (triumphierendes Schmunzeln von Jupp, eingedenk der Tatsache, dass er uns hierher gelotst hatte) zu einem Regal, vollgestopft mit Elchartikeln jeglicher Art. Wir waren erstaunt!

Monsieur Jautelmeier freute sich aufrichtig über unsere Verblüffung. »Na ja, ich bin ein großer Elchfreund, fliege fast jedes Jahr nach Kanada und sammele selbst Elchsachen in jeglicher Form. Woran hatten Sie denn gedacht?« Jetzt ergriff Jupp das Wort, setzte eine wichtige Miene auf und erklärte: »Das hier ist unser finnländischer Freund.« Herr Jautelmeier verbeugte sich wiederum höflich-interessiert. »Wir wollen eine Kuckucksuhr kaufen, Sie wissen schon, aber nicht mit Kuckuck, sondern mit Elch.« Herr Jautelmeier trat einen winzigen Schritt zurück. Widerstrebende Gefühle spiegelten sich auf seinem Gesicht: Verwirrung, Misstrauen, Ungläubigkeit, Belustigung. Er holte tief Luft. »Ich fürchte, da kann ich Ihnen nicht weiterhelfen, meine Herren. Ich führe keine Kuckucksuhren, weder mit Kuckuck, noch mit Elch.«

Ich erkannte, dass erneut Aufklärung nottat. »Es geht darum, dass wir einen Elch suchen, Herr Jautelmeier, nach Möglichkeit aus Holz geschnitzt und in einer Größe, dass er anstelle des Kuckucks in eine Kuckucksuhr eingebaut werden kann.« Da ging in Klaus-Peter Jautelmeiers Antlitz nicht nur die Sonne, sondern eine ganze Galaxie des Verstehens auf. »Jetzt verstehe ich Sie!«, rief er. Er wirkte regelrecht erleichtert, und im Handumdrehen präsentierte er unserem Freund Matti mehrere Holzelche in jeder gewünschten Größe. Mein finnischer Reisegefährte küsste in stürmischer Begeisterung Herrn Jautelmeiers Stirn, was dieser irritiert geschehen ließ und wählte vier Exemplare aus, von denen wir annahmen, dass wenigstens eines davon sich in die Uhr einbauen lassen würde.

Wenig später konnte man einen gut gelaunten Matti erleben, der in ungeduldiger Erwartung auf der Rückbank des Autos saß, die Papiertüte des Herrn Jautelmeier, gefüllt mit seinen Elchfiguren, auf dem Schoß. Ab diesem Zeitpunkt tönte etwa alle fünf Minuten von hinten die Frage: »Wie lange wir noch haben bis Ziel?«, und Jupp und ich beeilten uns, den kürzesten Weg zum Juppschen Kuckucksuhrbauer zu nehmen.

Nördlich von Freiburg bogen wir in den Schwarzwald ab und strebten der eigentlichen Kuckucksuhr-Region zu. Matti hatte keinerlei Augen für die herrliche Landschaft, er drehte und wendete seine Elche, betrachtete und betastete sie pausenlos und reichte einen nach dem anderen nach vorne zu Jupp, damit der seinen Rat erteilte, welches Modell am originellsten sei.

Ich selbst hing meinen Gedanken nach, und die waren unterhaltsam: Begleitet von einem ziemlich chaotischen Finnen und einem hessischen Handelsvertreter a. D. kurvte ich bei ausgesprochen hochsommerlichen Temperaturen in einem Kraftfahrzeug mit nicht abstellbarer Heizung und daher weit geöffneten Fenstern Richtung Schwarzwald, um dort einen Kuckucksuhrenhersteller aufzusuchen, der den »Kuckuck!«-schreienden Vogel gegen einen Holzelch austauschen sollte – und diese ganze Tour unternahmen wir in Shorts, floristisch gemusterten Hemden und in Sandalen, mit wollenen Socken an den Füßen. Wenn ich es mir genauer überlegte, war das so ziemlich das Absurdeste, Skurrilste und Hirnverbrannteste, was ich jemals mit Matti oder auch alleine unternommen hatte ...

Es war kurz nach vier Uhr am Nachmittag, als Jupp sich im Beifahrersitz hochreckte und uns aufgeregt informierte: »Wir sind gleich da! Dort im Dorf musst du rechts abbiegen, direkt die erste Straße hinter der Kirche. Fahr' bitte langsam!« Ich tat wie geheißen, und nur Minuten später rollten wir in den Hof eines stattlichen Gebäudes, an dessen Schindel-Fassade in altdeutschen, schon leicht verwitterten Lettern »Tischlerei – Schnitzerei – Kuckucksuhrenproduktion Alfons Bachstadl« zu lesen stand.

Meister Bachstadl empfing uns vor seiner Werkstatt, ein behäbiger, gewichtiger Mann von opulenten Ausmaßen. Er begrüßte uns mit Handschlag, unseren Jupp kannte er noch von, wie er sagte, »rentablen Geschäften« her. Näheres führte er dazu nicht aus, und auch Jupp schwieg, feinsinnig grinsend, obwohl ich gerne mehr darüber erfahren hätte, welche Handels-Transaktionen er und Alfons Bachstadl in früheren Zeiten miteinander getätigt hatten. Jupp, der kleine Schlawiner, wer hätte das gedacht!

In der Werkstatt führte uns Kuckucksuhrbauer Bachstadl an die zwanzig dieser Uhren vor, ließ die Kuckucks gefällig die Stunden rufen, erläuterte Bauweise und Funktion, ob Eintages- oder Wochenuhrwerk und war höchst belustigt über Mattis Wunsch, bei einer seiner Uhren eine der mitgebrachten Elchfiguren gegen den vorhandenen Kuckuck auszutauschen. Fand auch, der glücklicherweise mit einer gehörigen Portion Humor und Sinn für Schabernack ausgestattete Meister, dass dieser Tausch exakt dem Kuckucksgehabe entspräche, da dieser schließlich seine Eier auch anderen Vögeln unterjubele. Da geschähe es ihm ganz recht, wenn sich einmal ein ausgemachter Elch in sein Lager setze. Allerdings, vertraute er uns flüsternd an, dürfe die ehrwürdige Zunft der Kuckucksuhrmeister seinen wahren Namen niemals erfahren, weil er sonst wegen Missachtung uralter Traditionen vors Kuckucksuhrenbauerehrengericht zitiert werde.

Es wurde nicht recht klar, ob er das ernst meinte, aber es erhöhte insbesondere für Matti den Wert seiner zu erstehenden Uhr mit »Kuckuck!« blökendem Elch ins Unermessliche, zumal Alfons Bachstadl uns auf alles schwören ließ, was uns lieb und teuer sei, niemals zu verraten, woher dieses Unikat stammte.

Schon eine halbe Stunde nach unserer Vereidigung hielt ein glückselig grinsender Matti seine höchsteigene Uhr in seinen

Händen, gut gepolstert und wohlverpackt, mit einem Elch, der hinter seiner kleinen Holztür darauf wartete, mit piepsigem Kuckucksschrei zukünftig die Uhrzeit vermelden zu können. Jupp und Meister Bachstadl schüttelten sich zufrieden die Hände, aus ihren Augen blitzte der Schalk, und ich stand beobachtend dabei, fühlte mich hochbeglückt und freute mich, dass es gelungen war, Matti diesen sehnlichen Wunsch zu erfüllen.

Die Uhr hängt übrigens an exponierter Stelle in Päivis und Mattis Wohnung, Herrn Jautelmeiers Kuckuckselch in Alfons Bachstadls Uhr ruft nach wie vor zur vollen Stunde die Zeit und kündet auf diese Weise verlässlich von alter deutscher, Schwarzwälder Handwerkskunst – und von einem wahrhaft kuriosen, köstlichen Ausflug dreier Freunde, wie sie unterschiedlicher nicht sein können ...

16

Spätabends liefen wir im heimatlichen Hafen ein, müde und erschöpft, aber beschwingt. Unsere ›Bräute‹ erwarteten uns schon. Matti hastete die Stufen zur Eingangstür hinauf, mit seiner wertvollen Kuckucksuhr im Arm, stolperte (ich bin überzeugt, der Show halber ...) und fiel fast auf die Nase. Die daraufhin von ihm bühnenreif präsentierte mittelschwere Herzattacke ließ ihn ins Wohnzimmer wanken, um sich dort in einen Sessel zu werfen, nach Atem ringend. Es wirkte äußerst dramatisch.

Während der gesamten Aktion hielt der Bursche seinen Schatz (damit ist selbstverständlich die Uhr gemeint) fest und innig umschlungen und begann unmittelbar, nachdem er wieder etwas zu Atem gekommen war, den Karton zu öffnen, mit spitzen Fingern und höchster Konzentration. Wie stets, so auch dieses Mal: Wir anderen umstanden den Experten für theatralische Auftritte und Großmeister der virtuosen Komödie als aufmerksames Publikum.

Päivi und insbesondere meine kameradschaftliche Ehefrau, anfangs wegen Mattis offensichtlich kurz bevorstehendem Abruf ins Jenseits hektisch und besorgt, beratschlagten derweil, ob jetzt schon zwei oder auch drei Kopfnüsse als erzieherische Maßnahme angezeigt seien, ja, ob diese Verfahrensweise überhaupt ausreiche. Matti nutzte die Beratungspause der holden Weiblichkeit kaltblütig, um seine Erwerbung von den Verpackungsschichten aus Wellpappe, Luftpolsterfolie und Seidenpapier zu befreien. Mit »Täterätää!« und »Traariii-Traaraaa!« beförderte er sodann das wundersame Ergebnis seines spleenigen Einfalls ans Tageslicht. Er strahlte dabei derart übers ganze

Gesicht, dass bei uns allen, auch bei den zarten Damen, sofort jeder Ärger über seinen simulierten Herzkasper verflogen war. Wir schauten ihn an, wie schauten uns an, wir schauten erneut ihn an – und dann trat genau ein, auf was Matti spekuliert hatte: Die Komik der Situation fing uns ein. Im weiteren Verlauf konnte man unseren Kuckucksuhrenbesitzer inmitten seiner höchst amüsierten Bewunderer erleben, wie er mit hoch erhobenem Haupt die ersehnten Huldigungen gnädig entgegennahm …

Der Morgen nach dieser ereignisreichen Fahrt war geprägt von Matti-spezifischen Ereignissen. Mein Kumpel schöpft offenbar aus schier nie versiegenden ›Aktivitätsquellen‹. Hinzu kommt ein scheinbar grenzenloser Ideenreichtum, der seinem ziemlich verqueren und doch so leistungsfähigen Gehirn entspringt. So rasselten – daran hatten wir uns inzwischen einigermaßen gewöhnt – gegen halb acht in der Früh die Rollläden nach oben; wenn auch der erste Reiz vorüber war, so bereitete diese Maßnahme dem kindlichen Gemüt unseres lieben Matti immer noch recht viel Freude. Kurz darauf, um acht Uhr, rief uns seine Kuckucksuhr mit Elch zum Morgenappell; er hatte sie noch am gestrigen Abend mit Erlaubnis meiner weichherzigen Angetrauten im Flur aufhängen dürfen. Das Elchviech schrie doch wahrhaftig acht Mal »Kuckuck!« und steigerte sich bis zwölf Uhr von Mal zu Mal, mit im Wortsinn mechanischer Hemmungslosigkeit.

Höre ich da eine dezente Beschwerde aus Kreisen meiner Leserschaft? In der Art: »Wie kann man so empfindlich sein, nur weil eine Kuckucksuhr schlägt? Es gibt doch wirklich Störungen, die wesentlich eher nervtötend sind als so ein dezentes Kuckucksgepiepse!«

So!? Dann schlage ich vor, wir unternehmen mal folgenden

Versuch: Laden Sie Matti zu sich ein, inklusive Kuckucksuhr. Kurz nach Mitternacht begeben Sie sich ins Bett, decken sich schön ordentlich bis zur Nasenspitze zu und schlafen den Schlaf des Gerechten. Gegen Morgen, es ist acht Uhr, Sie haben Mattis Rollläden-Gerumpel um kurz nach sieben mit viel Geduld überstanden und liegen gerade wieder in Morpheus Armen, da schnappt das Uhrtürchen auf. Mattis holzgesichtiger Elch schielt ins Freie, und sein liebliches »KuckuckKuckuckKuckuckKuckuckKuckuckKuckuckKuckuck«-Geschrei tönt durchs Haus. Sie haben mitgezählt? Sehr wahrscheinlich – und sehr wahrscheinlich haben Sie sich, schlaftrunken wie Sie sind, verzählt ... Ja. ja. Nicht sieben, sondern acht Mal blökte der Kuckuckselch: »Kuckuck, Kuckuck, Kuckuck, Kuckuck, Kuckuck, Kuckuck, Kuckuck, Kuckuck ...« Genau 78 Rufe sind es in zwölf Stunden – sofern nicht auch noch die halben Stunden vermeldet werden, dann sind es noch einige Male mehr ... Ich bemerke eine Andeutung von Mitgefühl bei Ihnen. Das beruhigt mich.

Päivi, achtsam, taktvoll und zartfühlend, setzte zu unserer Erleichterung durch, dass die Uhr für die Nacht auf stumm geschaltet sein musste. Bis heute bin ich unserer lieben Freundin dankbar dafür.

Beim Frühstück kam eine höfliche (jawohl!) Anfrage von Matti: Heute sei, wenn er sich nicht täusche, Donnerstag. Das wäre doch der geeignete Zeitpunkt, die traditionelle »keskiviikon sauna« durchzuführen, die sogenannte »Mittwochs-Sauna«. In diesem Zusammenhang ist es wichtig zu vermelden, dass Päivi und er beim Aufenthalt in ihrem Sommerhaus seit vielen Jahren ein ungeschriebenes Gesetz streng beachten: samstags und mittwochs ist Saunatag. Das ist übrigens meiner Erfahrung nach in zahlreichen finnischen Familien so.

Mein lieber Freund und Kupferstecher hatte auch sogleich noch einen weiteren Vorschlag. Jupp, so meinte er, sei laut eigener Auskunft noch niemals in einer Sauna gewesen. Vermutlich träfe das auch auf die meisten anderen der Deutschen zu, mit denen er in diesen Tagen in Kontakt gekommen sei (ich muss der Korrektheit halber diesen Satz richtigstellen. Der O-Ton Matti lautete in Bezug auf die deutschen Bekannten selbstredend: »... die das Glück haben gehabt, zu kommen mit mir in Kontakt ...« Wundert es jemanden?).

Als logische Konsequenz aus dieser Annahme schlug er vor, ein zentrales Treffen in unserer Sauna zu organisieren. In die engere Wahl der einzuladenden Persönlichkeiten kämen: Jupp, Cornelius Buxenhammer, Berthold Ockelmenger, Georg Zäpflein, Alfons Koppert, Klaus Brüter und er selbst. Er habe auch nichts dagegen, wenn ich dazu käme. Allerdings würde ich nicht gebraucht, weil ich sowieso keinerlei Ahnung vom richtigen Saunieren hätte und ihm bei seinen Erläuterungen den Novizen (er nannte sie: »Neusaunamacher«) gegenüber garantiert ständig ins Wort falle. Falls vorher »naisten sauna« (Frauen-Sauna) gewünscht werde, werde er sogar das tolerieren.

Ich möchte an dieser Stelle für diejenigen, die finnische Saunabräuche noch nicht kennen, kurz darlegen, dass gemischtgeschlechtlicher Besuch dieser Einrichtung in Finnland unüblich ist. Gewöhnlich gehen die Damen als erste in die Sauna, anschließend, wenn diese genug von der Hitze haben, die Angehörigen des (noch) schöneren Geschlechts: die Männer.

Päivis an ihren Ehegatten gerichteten Einwand, er könne doch nicht so einfach wildfremde Leute in unsere Sauna einladen, wischte Matti verächtlich schnaufend mit einer ungestümen Handbewegung vom Tisch – gemeinsam mit einem glücklicherweise ungeöffneten Glas der heißgeliebten Himbeermarmelade, das – weitere Güte des Geschicks oder besser Ungeschicks – in einem Sessel landete und so unbeschädigt blieb. Schließlich, so dozierte er, habe er ja, rücksichtsvoll wie immer, soeben angefragt.

Lange Rede, kurzer Sinn: Sowohl meine unersetzliche Gemahlin als auch ich stimmten dem Anliegen unseres finnischen Freundes zu; ich freute mich sogar schon im Voraus auf das Erlebnis. Es war uns sowieso klar gewesen, dass Matti irgendwann während des Besuchs die Nachbarschaft zum Saunagang animieren würde. Nicht umsonst hatten wir, man erinnere sich, in der wochenlangen Planungsphase vor dem Eintreffen unserer nordischen Gäste allen Anrainern unserer Straße dringend das Einholen eines ärztlichen Attests zur Saunatauglichkeit empfohlen.

Nur wenige Minuten nach erteilter ›Erlaubnis‹ hatte Matti sich das Telefon geschnappt und seinen Rundruf gestartet. Ich bin bei solchen Gelegenheiten immer aufs Neue voller Bewunderung für sein Selbstvertrauen; hätte ich selbst doch in vergleichbaren Situationen erhebliche Hemmungen, mir relativ fremde Menschen anzusprechen, einmal wegen der Sprachbarriere, zum anderen auch prinzipiell. Aber es ist ja allgemein und hinreichend bekannt, dass Sprachgenie Matti in Bezug aufs Thema ›Deutsch als Fremdsprache‹ mehrfach dargelegt hat, es sei ein Kardinalfehler der Deutschen, wenn nicht gar eine unverzeihliche Todsünde gewesen, ihn bei ihrer Sprachentwicklung nicht zu Rate gezogen zu haben ... So viel zur Frage der fremdsprachlichen Kommunikation. Und zum zweiten: Hemmungen prinzipieller Natur kennt Matti eindeutig nicht.

Als Ergebnis der fernmündlichen Einladung pochte es etwa eine halbe Stunde später energisch an der Tür zu meinem Büro. Ich hatte mich der Ruhe halber in mein Allerheiligstes als letztem Refugium zurückgezogen, weil ich an einem neuen Manuskript arbeiten wollte. Matti stand da, und aus seinen Zügen sprach Genugtuung, gemischt mit leichtem Verdruss. »Und?«, fragte ich. »Kommen alle. Kommen heute um sieben Uhr am Abend. Nur nicht Alfons Koppert und Klaus Brüter. Sind dumm. Aber jetzt ich muss Sauna vorbereiten!« – »Matti, es reicht doch, wenn du sie später, so um 16 Uhr anschaltest, heute am Nachmittag.« – »Du weißt nix! Vielleicht ist kaputt, wird nicht warm! Also ich muss testen.« Ich stöhnte innerlich. Wenn der Bursche sich was in den Kopf gesetzt hat, lässt er sich von seinem Vorhaben nicht abbringen.

Wenig später fand ich meine grenzenlos geduldige Ehefrau im Saunavorraum. Sie war unter Mattis Aufsicht damit beschäftigt, für unsere Gäste Sauna-, Bade- und Handtücher zusammenzustellen. Unser selbst ernannter Saunaspezialist hielt dies für dringend erforderlich, falls die unerfahrenen ›Neusaunamacher‹ keine eigenen Tücher dabei hätten.

Ich bekenne hiermit: Ich verfüge über ein gerüttelt Maß an genetisch determiniertem Wissensdurst – man könnte diese Eigenschaft auch als ›lebhaften Forschungstrieb‹ bezeichnen. Vor diesem Hintergrund ist meine Anwesenheit vor der Sauna zu verstehen. Es ging mir nur um die empirische Klärung und Bestätigung der Frage, ob ich mit meiner Ahnung, was bei der Auswahl der Badelaken geschehen würde, richtig läge. Und tatsächlich, was ich vermutet hatte, geschah. Matti stand sinnend vor dem Stapel der bunten Badetücher, die Augenbrauen hochgezogen und mit dem Ausdruck höchster Konzentration. Dann zog er, feixend wie ein Honigkuchenpferd, eines der Tücher hervor, bedruckt mit vielen niedlich-kitschigen Flugzeugen, ganz überwiegend offene Doppeldecker längst vergangener Zeiten, in denen großäugige Hunde und Katzen saßen und per

Flugmaschine ihre Bahnen zwischen den hellblauen Frotteemaschen zogen; es war ein Tuch, das von unserem Sohnemann stammte. Er hatte es sich sehnlichst gewünscht, damals, im Alter von vielleicht sechs Jahren – wie Kinder eben so sind. Nostalgische Gründe hatten meine liebende Göttergattin und zeitlebens treusorgende Mutter meiner Nachkommen dazu bewogen, das exklusive Exemplar aufzubewahren. Jetzt belegte Tunichtgut Matti das gut erhaltene, flauschige Stoffteil mit Beschlag. »Ist reservatiert, für Jupp!«, tönte er und zwinkerte mir spitzbübisch zu.

Während der Vorabauswahl der Tücher meldete unser Saunameister eine weitere gewichtige Amtshandlung an. So müsse er sogenannte ›vasta‹ oder ›vihta‹ binden. Darunter sind Quasten aus Birkenreiser zu verstehen. Durch sanftes ›Schlagen‹ mit diesen Astbündeln fördern die Finnen bei ihren Saunabesuchen »überlicherweise«, wie Matti sich auszudrücken beliebte, die Blutzirkulation.

Nun wohnen wir bekanntermaßen nicht in Finnland, wo Birken ungefähr so wie Unkraut wachsen. Woher also die erforderlichen Zweige nehmen? Saunaexperte Matti sah keinerlei Probleme: In unserem Garten stünden doch drei kräftige junge Birken (genau, ich hatte sie erst etwa vier Jahre zuvor gepflanzt), deren Zweige sicherlich zur Herstellung von vasta geeignet seien.

Und schon hatte er seinen puukko in der Hand, ein sehr scharfes, spitzes finnisches Messer, das ausnahmslos jedes männliche Wesen in Finnland Tag und Nacht bei sich trägt. Ich habe schon kurz davon gesprochen, bei der Schilderung von Mattis Reiseutensilien. Dieses in Suomi allgegenwärtige Instrument findet unter anderem Verwendung bei: Entschuppen und Entgräten von frisch gefangenen Fischen, Kennzeichnen von lebenden Rentieren sowie Abhäuten und Ausnehmen derselben, dann allerdings nach deren Ableben, Kürzen von Seilen und Stricken jeglicher Art, Ernten von Waldpilzen, Lösen oder Festziehen verrosteter Schrauben, Hufeisen und verbogener Schrankscharniere oder zärtlichem Erstechen unliebsamer Zeitgenossen. Ich vermute stark, es kommt auch bei der geschickten kosmetischen Bearbeitung tief eingewachsener Finger- oder Fußnägel, bei Mitesser-Eröffnung am lebenden Objekt und erforderlichenfalls bei Leichensektionen in der Pathologie sowie bei tausenderlei anderen Gelegenheiten zum Einsatz. Und es wird eben auch zum Abtrennen und Ablängen von Baumästen und Zweigen benutzt.

Todesmutig warf ich mich mit ausgebreiteten Armen zwischen Matti und Tür; hier ging es um die Rettung meiner geliebten jungen Birken!

Mein Chaosfreund blieb daraufhin entgeistert stehen, um sich nach einer Pause des schweigenden Sinnierens arglos nach dem Grund meine Intervention zu erkundigen. »Diese Birken sind heilig!«, stieß ich beherzt hervor. »Jedes Ästlein an ihnen steht unter meinem persönlichen Schutz! Lass' deine Hände von ihnen!« Ein rascher Blick zur Ruheliege zeigte mir, dass mein empfindsames Eheweib dort gespannt der Dinge harrte. Würde es zum Kampf der Titanen kommen? Sie schien sehr gespannt.

Matti verhielt noch immer und musterte mich, unsicher, ob meine energische Kampfbereitschaft ernst zu nehmen sei. Dann stemmte er seine Hände in die Seiten und brach in prustendes Lachen aus. »Du bist verrückt. Bist ... wie man sagt auf Deutsch? ... bist verrücktes Hühnchen.« Doch mit dieser Schmeichelei konnte er mich nicht betören. Ich blieb standhaft. »Keine vasta von meinen Birken!« – »Sehr verrücktes Hühnchen! Wo bekommen wir Birkenzweige her, he?! Sauna ohne vasta ist wie ein Boot ohne Wasser. Ohne vasta keine echte Sauna!« Trotz meiner Birkenpanik registrierte ich sofort, dass der Bursche plötzlich einwandfrei Deutsch sprach, sogar die Satzglieder in die richtige Reihenfolge setzte. Das war ein eindeutiges Zeichen dafür, wie überaus wichtig ihm seine Birkenquasten waren!

Ich überlegte und hatte bald eine zündende Idee. »Wir gehen zu Michael! Auf dem Grundstück, wo du Bäume gefällt hast, stehen mehrere Birken. Er erlaubt bestimmt, da Zweige zu nehmen!«, schlug ich vor, konnte mir aber als Strafe fürs »Hühnchen« dann doch nicht verkneifen, »du finnischer Kuckuckselch!« hinzuzufügen. Matti murmelte lediglich etwas vor sich hin, das in meinen Ohren irgendwie nach »dummes Hühnchen« klang, überhörte jedoch meine freundschaftliche Bemerkung geflissentlich. Dagegen meldete er Skrupel an, Revierförster Michael um Birkenzweige zu bitten, weil er ihn nicht zur Sauna eingeladen hatte. Erst als ich ihm erklärte, Michael sei ein »alter Saunahase«, der schon des Öfteren mit mir in der Sauna war und daher garantiert keinen gesteigerten Wert darauf lege, am bevorstehenden Saunatreffen teilzunehmen, war er beruhigt. Von meiner schlagfertigen Gattin, die unseren Disput schweigend, die Arme verschränkt und gemütlich auf der Ruheliege hockend, verfolgt hatte, kam zum guten Schluss nur der trockene Kommentar, dass jetzt wohl die wichtigsten Vertreter der relevanten Tierspezies abgehandelt seien: »Hühnchen, Kuckuck, Elch und Hase!«, erklärte sie mit unschuldigem Augenaufschlag.

Michael war sofort einverstanden, als ich ihn anrief und um Erlaubnis zur Birkenastsammlung bat. Währenddessen verschwand Matti im Keller und tauchte wenige Augenblicke später wieder auf, seinen Holzfällerhelm auf dem Kopf. »Muss ich tragen, wenn ich zu Michael gehe«, war seine Begründung.

Da hatte Päivi Pech gehabt. Sie hatte nämlich, wie sie meiner wackeren Ehefrau und mir unter dem Siegel des Stillschweigens anvertraut hatte, die Kopfbedeckung nach unserer Rückkehr von Rothenburg vor dem Zugriff ihrer »Ehekatastrophe« (Päivis eigenes Wort!) namens Matti versteckt. Hatte geglaubt, einen Winkel ausgesucht zu haben, an dem der unberechenbare Besitzer des Objektes niemals nachsuchen werde: in einem großen Karton mit dem Aufdruck ›Putzmittel‹, den sie zu diesem Zweck von meiner hilfsbereiten Gemahlin erhalten hatte. In diesen Pappkasten, zwischen leeren Scheuermilch-, Spülmittel- und Glasreiniger-Flaschen, abgedeckt mit mehreren alten Tüchern und Lumpen, deponierte sie das Ding und platzierte die Schachtel selbst noch oben auf dem Schrank voller Gerümpel in der Abstellkammer neben dem Gästebad.

Der Erfolg dieser aufwändigen Aktion war mäßig: Matti benötigte ganze zwei Minuten, um seinen Helm ausfindig zu machen. Ich vermute, er verfügt über einen so ausgeprägten Geruchssinn, dass er ihn schlicht und einfach errochen hat ...

Jedenfalls starteten wir umgehend zu Michael, um den bevorstehenden Sauna-Event á la Matti geziemend weiter vorzubereiten. Der Programmchef selbst schritt eifrig voran, den puukko gezückt, das Gehirn orange-gelb vom Helm mit der Aufschrift 'erikoismetsuri' beschattet. Aus seinen Augen leuchteten wilde Entschlossenheit und mühsam gebremster Tatendrang. Mir ging spontan Schillers ›Bürgschaft‹ durch den Kopf: »Was wolltest du mit dem Dolche, sprich ...«, gefolgt vom Gedanken: »Was mache ich hier eigentlich ...?«

Michael, gut gelaunt und freundlich wie immer, begleitete uns zu seinem Grundstück, weil er sich dafür interessierte, wie die beschriebenen vasta hergestellt würden. Matti warf sich in die Brust, nahm Ausbildergehabe in Haltung und Ton an und begann zu dozieren, wobei er reale Ratschläge bunt mit selbsterdachten, kuriosen Anweisungen mischte: Welche Birken für die vasta-Produktion geeignet seien, welche nicht. Zu welcher Tageszeit die Äste zu sammeln seien, in welchen Monaten und Jahren ... Man habe darauf zu achten, dass die Blätter nicht schon bei der ersten Berührung abfielen. Wie lange die Äste zu sein hätten, wie fest und wie biegsam und geschmeidig. Wie man sie abzuschneiden habe. Wie sie zusammenzulegen seien, mit welcher Technik ihr quastenförmiger Zusammenhalt zu gewährleisten sei. Dass man sie trocknen und im Winter benutzen könne. Wie sie in der Sauna zu benutzen seien, und, und, und. Sein Vortrag nahm unendliche Ausmaße an ...

Zu meinem Bedauern lässt mich meine Erinnerung im Stich, so dass ich seine weiteren Informationen hier nicht mehr detailliert wiedergeben kann. Michael und ich, wir betätigten uns als Birkenast-Träger und hörten alles geduldig an. Nur gelegentlich warf der langmütige Revierförster mir einen verstohlenen Blick zu, der zu besagen schien: »Ach du Armer.«

Auf dem Nachhauseweg schleppten wir, gebeugt und ächzend, mehrere Zentner Birkenäste mit uns. Matti ging beschwingt und mit elastischen Schritten neben uns her, den puukko im Gürtel, die Hände in den Hosentaschen, voll des Lobes über unsere emsige Hilfe, »auch wenn ihr zwei Männerlein nichts wisst.« Und mit ermunterndem, Hoffnung spendendem Schulterklopfen zu mir gewandt: »Besonders du nicht, verrücktes Hühnchen!«

17

In den folgenden Stunden war mein Freund Matti intensiv mit der Anfertigung eines umfangreichen Kontingents von vasta beschäftigt, mengenmäßig ausreichend für, geschätzt, die kommenden zwei Jahrzehnte. Er wurde bei dieser Arbeit tatkräftig unterstützt von den beiden zur finnischen Equipe gehörenden Frauenspersonen. Das Vastateam hatte sich im Garten verbreitet, unsere Maju wuselte eifrig zwischen den ausgiebig schwitzenden Birkenquasten-Herstellerinnen und ihrem exzentrischen Projektleiter herum: Sie fand das Spiel mit den Blättern und Stöckchen wunderbar. Ich für meine Person hatte meine Mithilfe zum Unwillen von Matti auf das Abfüllen von eisgekühlter Limonade in Gläser und das Herantragen selbiger mittels Tablett beschränkt, ruhte in würdevoller Reife und Abgeklärtheit im Liegestuhl und ließ den lieben Gott einen guten Mann sein, dem es gefallen hatte, einen unbremsbaren Chaoten wie Matti zu einem meiner besten Freunde zu machen. Solch tiefschürfend-philosophische Gedanken gingen mir durch den Kopf ...

Es war wohl gegen 15 Uhr, als Matti mich aus meinem geruhsamen Meditieren weckte. Ich blickte auf: Von den beiden finnischen Damen, Päivi und meiner handwerklich begabten Frau Gemahlin, waren nur Haarschöpfe zu sehen, die sich hinter einem Berg von vasta bienenhaft hin und her bewegten. Offenbar waren die beiden immer noch mit dem Binden der Quasten beschäftigt. Matti stupste mich an. »Hallo, faules Pelztier (er meinte wohl ›Faulpelz‹), ich muss sofort haben deinen ›tietokone‹ (Computer).« – »??« – »Muss ich doch Urkunde schreiben für Neusaunamacher!« – »???« – »Na, Urkunde. Sollen

Urkunde kriegen für erstes Mal Sauna!« Also auch das noch! Aber meinen PC bekommt er nicht, nach den Erfahrungen im Auto ... Zum Glück habe ich noch einen alten Laptop unseres Sohnes im Lager. Ist zwar etwas langsam, aber funktioniert. Den kann er haben.

Die Proteste des selbst berufenen Saunameisters, als ich ihm eröffnete, mein Computer sei für ihn leider tabu, verhallten ungehört. Da waren mir meine gespeicherten Texte etc. denn doch zu wertvoll. Notgedrungen, aber mit tiefsaurer Miene, musste er mit dem erwähnten Notebook vorlieb nehmen.

Die nächsten beiden Stunden verbrachte Matti damit, seine ›Urkunde‹ zu verfassen und zu gestalten. Im Anhang dieses Buches lässt sich das Ergebnis seiner mehrstündigen Schwerstarbeit bewundern. Klärend anzumerken ist dazu, dass die enthaltenen Matti-typischen Formulierungen so wie sie dort zu lesen sind mit dem Original übereinstimmen. Mein finnischer Freund beharrte stur darauf, die teils etwas eigenartigen Wortschöpfungen (›geflüchtiget‹, ›geprüftigtes‹) hätten so und nicht anders zu lauten. Es kostete mich einiges an Nerven und Überredungskunst, ihn schon gleich zu Beginn seiner Layouter- und Texter-Tätigkeit dazu zu bewegen, das Ganze nicht mit ›Zertifizizikation‹ zu betiteln!

Sehr angetan war er von der Idee, das Formular mit einem Elchbild aus meiner Sammlung zu unterlegen. Der weise, gemütlich am Fenster lehnende Elch gefiel ihm ausnehmend gut, weil er, »so sehrrrr nachdenkenslieblich schaut«.

Seine kreative Tätigkeit unterbrach Matti lediglich kurz, um gegen 16 Uhr die Sauna anzuschalten, selbstverständlich auf Maximum, das heißt, etwa 120 bis 130 Grad. Auch durch die Vorhaltungen sämtlicher anderer Anwesender, das sei für ungeübte Saunagänger eine echte Tortur, ließ er sich nicht von dieser Entscheidung abbringen. »Heiße Hitze muss sich sein, sonst keine richtige Sauna!«

Als weitere Amtshandlung schleppte er ächzend aus dem Vorratskeller einen Kasten Bier herbei und schob ihn ohne Rücksicht auf Päivis heftigen Protest unter die Ruheliege im Saunavorraum. Auf meinen Einwand, das Bier würde dort zu warm, er solle es lieber noch im Vorratsraum lassen, reagierte er höchst unwillig mit der Bemerkung: »Pöhköpää (also, wie üblich, ›Dummkopf‹)! Darf Bier nicht kalt sein in warmes Saunabauch!« Vermutlich hatte er damit sogar recht. Ich sprach aber aus gesundheitsverantwortlichen Überlegungen heraus ein festes Machtwort, das Bier dürfe erst nach einer postsaunalichen Ruhepause genossen werden. Und erneut tönte es: »Pöhköpää! Weiß ich selbst!« Allerdings mussten wir beim späteren Saunagang doch von diesem Grundsatz abweichen. Doch davon später.

Päivis Anordnung, sie, meine saunasüchtige Ehefrau und Vreni, die von den beiden ebenfalls telefonisch zum Saunagang eingeladen worden war und zugesagt hatte, würden zuerst, vor der Männerclique, in die Sauna gehen, kommentierte Päivis störrisches Ehegespons abfällig mit der Bemerkung: »Juu, ihr geht in kalte Sauna. Weiberlichkeit ist vetelys (Waschlappen).« Ich bemerkte bei dieser Rede ein kurzes Zucken in Päivis rechtem Arm, doch sie unterließ eine Züchtigung, meinte nur ungeniert und etwas boshaft, nein, sie legten eben keinen besonderen Wert auf den blumigen Duft nach Männern in der Sauna.

Hatte ich gedacht, während der restlichen Zeit bis zum Eintreffen der Saunagäste fände Matti keine Beschäftigung, so wurde ich von meinem hyperaktiven Freund rasch eines Besseren belehrt. So schnappte er sich die hölzernen Kübel für den Aufguss samt Löffel und testete deren Dichtigkeit. Kurz darauf fand ich ihn auf dem Boden in der Sauna liegend beim Begutachten des Lüftungsschlitzes dort unten. Wieder einige Minuten später startete er ein Prüfsitzen auf den Bänken, und zwar unter vehementem Einsatz seines nicht unerheblichen Körpergewichtes, so dass ich beunruhigendes Knacken und Knirschen der Halterungen vernahm. Kaum war das überstanden, plätscherte die Dusche munter vor sich hin, im Probelauf: »Muss ich wissen, ob Wasser wirklich warm oder kalt. Und wie lange, bis warm, wenn kalt. Und wie lange, bis kalt, wenn warm.« Anschließend kam sein Standardkommentar: »Du weißt nix!« Als Folge zog ich mich beleidigt in mein Autorenschutznest, na ja, Büro, zurück.

Es hielt mich jedoch nicht lange dort; zu groß war meine Unruhe, welche bedenkenlosen Untaten wir noch zu gewärtigen hatten. Und ich hatte allen Grund dazu! Ich durchstöberte das Haus nach meinem leicht anarchistisch angehauchten Kumpel und fand ihn zu guter Letzt im schon mehrfach hier erwähnten ehemaligen Hühnerstall, dem Immernoch-Versteck seines Rasenmäherroboters, seiner Zapfanlage und des exklusiven Reifenschwans. Er hielt mir triumphierend mehrere etwa acht Zentimeter lange Zimmermannsnägel entgegen. Die hatte er hier entdeckt und wollte sie stante pede dazu benutzen, über dem Eingang zum Saunavorraum einen aus mehreren Blättern zusammengeklebten Papierstreifen festzunageln. Wie ich eruieren konnte, hatte er, am Esszimmertisch sitzend, in großen Lettern »Willkommen, Neusaunamacher!« darauf gepinselt. Man stelle sich vor: acht Zentimeter lange und entsprechend dicke Nägel, wie sie Zimmerleute zum Vernageln von Dachlatten oder ähnlichen Grobmaterialien zu benutzen pflegen! Für einen Papierstreifen mit einem Gesamtgewicht von vielleicht 400 Gramm!

Ich tippte, nun doch mal deutlicher entnervt, nicht mir, sondern meinem strahlenden finnischen Anhänger des ›fortgeschrittenen Konfusius‹ an die Stirn und händigte ihm schweigend und kopfschüttelnd eine Rolle Klebestreifen aus. Seine Enttäuschung, als ich ihm die Nägel aus der Hand nahm, war groß, aber ausnahmsweise wagte er keinen Widerspruch. Hatte wohl bemerkt, dass ich dieses Mal ernstlich auf dem Weg war, böse zu werden, der Bursche ... Wobei ich heutigentags überzeugt bin, dass es ihm doch nur wieder gelungen war, mich auf den Arm zu nehmen.

Vreni mit Ehemann Jupp trudelte pünktlich um 19 Uhr ein, Päivi und meine unerschütterliche bessere Hälfte begrüßten sie gelassen, und die drei Damen verzogen sich umgehend in Richtung Sauna. Aus dem vasta-Gebirge im Garten hatte Päivi einige besonders gelungene Exemplare ausgewählt und mit in die Sauna genommen. Wir hörten noch ein «Ach wie süß!« von Vreni, allem Anschein nach bezog sich dieser Ausruf auf Mattis Willkommensbanner. Jedenfalls konnte ich beobachten, dass der Herr Saunameister in diesem Moment etwa einen Kopf größer wurde und sich sein Mund deutlich in die Breite zog.

Die noch ausstehende Männerriege, also unser Knochenflicker Berthold Ockelmenger, Georg Zäpflein genannt Schorsch sowie Cornelius Buxenhammer, erschienen im Pulk kurze Zeit später. Schorsch hielt eine voluminöse Tüte in der Hand und genoss sichtlich unser Erstaunen: »Belegte Brötchen für alle!«

Cornelius, unser direkter Nachbar zur Rechten, kam leichtbekleidet im Bademantel und mit Plastikschlappen an den nackten Füßen. Ob er unter seinem Frotteeumhang noch was anderes trug, entzog sich in diesem Moment meiner Kenntnis – nun, er hatte es ja nicht weit, gerade mal zehn Meter von Haustür zu Haustür ... Aus einer prall gefüllten Strandtasche, die er mitschleppte, lugte neben einer größeren Zahl verdächtiger Kronenkorken ein Schnellhefter hervor. Ich war gespannt, welche Dokumente er darin abgeheftet hatte. Ich kenne ihn als einen Zeitgenossen, der gerne im Internet und in sonstigen Quellen stöbert, um sich zu ihn interessierenden Themen möglichst umfassend zu informieren. Bestimmt hat er ›Sauna: Regeln zum korrekten Saunieren‹ gegoogelt (»Ordnung muss sein ...«) und bringt die Ergebnisse zur allgemeinen Kenntnisnahme mit, schoss mir beim Anblick der Kunststoffmappe durch den Kopf. Mit an Sicherheit grenzender Wahrscheinlichkeit! Und es sei schon an dieser Stelle verraten: Meine Vermutung traf zu.

Der Letzte des Aktivenkorps, Berthold Ockelmenger, testete gleich zur Begrüßung den Zusammenhalt meines Knochengestells, indem er mir so ausdauernd und kraftvoll die Hand schüttelte, dass ich ordentlich durchgerüttelt wurde und anschließend den Eindruck hatte, meine etwa 206 Knöchelchen und Knochen (nicht selbstgezählt, sondern laut medizinischer Angaben) schleuderten und rotierten, schlackerten und tanzten, klapperten und schlingerten in meinem allseits bewunderten, eigentlich doch so gestählten Körper lose herum. Als Folge dieser Zeremonie nahm mein Corpus ein leicht geknicktes Aussehen an, was unseren Knochenflicker dazu ermunterte, mich durch nochmaliges, sekundenschnell wirbelndes Durchwirbeln meiner Wirbel (Wortspiel!) einigermaßen ins Lot zu bringen und mir so den aufrechten Gang wieder zu ermöglichen.

Ich hatte mich kaum von diesem freundschaftlichen, gut gemeinten Anschlag auf meine physische und psychische Integrität erholt, als es mir in letzter Sekunde gelang, Berthold am Hosenbund zu schnappen und daran zu hindern, seine Schritte direktemang zur Sauna zu lenken. Konnte ja nicht wissen, der eifrige junge Dachs, dass dort der komplette derzeit im Haus vorhandene Harem in geballter Weiblichkeit versammelt war. Es hätte vermutlich äußerst heikle Verwicklungen gegeben, wenn unser schneidiger Berti dort unangemeldet aufgetaucht wäre und die Damen in ihrer rosigen Natürlichkeit überrascht hätte ...

Matti bekam von alledem nicht viel mit. Er war eifrig damit beschäftigt, auf unserer Terrasse eine Art Stuhlkreis zu bauen und lotste die Mannschaft dorthin. Augenscheinlich sollte dort sein Einführungsvortrag in die Kunst des Saunierens erfolgen. Cornelius begann sogleich, einige Flaschen Bier aus seiner Tasche zu kramen, ließ sich aber durch mich (mit Mattis Unterstützung!) dazu bewegen, doch erstmal mit Wasser und Apfelsaft vorlieb zu nehmen. Seinen Schnellhefter hielt er auf den Knien und nahm eine geheimnisumwitterte Attitüde an. Ich bemerkte, dass mein ›Finnländer‹ ihn mit dezentem Misstrauen beäugte.

Nichtsdestoweniger stellte sich unser Fachreferent in Positur und begann seine Vorlesung mit erhobener Stimme: «Liebe deutschländischen Freunde, gut, dass ihr gekommen habt, kennenzulernen richtigen Besuch von Sauna. Habt ihr ja noch keine Ahnung von nix. Ist aber nicht schlimm, habt ihr hier«, er deutete auf sich, »richtigen Saunameister aus Finnland. Gut. – Sauna ist Erfindung von Finnen, gibt es in Finnland seit immer. Ja? Was du willst, Cornelius?« – «Stimmt nicht!« Cornelius Buxenhammer klopfte energisch auf seinen Aktenordner. »Ich habe heute daheim im Internet nachgeschaut: Die Sauna kommt von Asien. Und es gab sie zuerst bei Indianern und bei Eskimos.« Matti schürzte erbost seine Lippen. »Pöhköpää! Du weißt nix. Sauna ist finnische Erfindung. Basta. Sei jetzt still.« Er rollte mit den Augen. »Also, Sauna kommt von Finnland!« Cornelius wollte erneut protestieren, unterließ es aber auf meinen Wink hin.

Matti fuhr fort: »In Sauna ist es heiß!« – Erneuter Einwurf von Cornelius, der offenbar ›auf Krawall gebürstet‹ war: «Das weiß doch jeder!« Matti schoss einen eisigen Blick auf ihn ab, sprach aber weiter: »Temperatur in Sauna heute ist 120 Grad. So ihr werdet gute Hitze haben. Gehirn wird gekocht weich – wenn es ist da!« Erneuter hämischer Blick auf Cornelius. »In Sauna sind Bänke, kann man sitzen oder liegen.« Entnervtes Augenverdrehen bei Nachbar Cornelius, Zwischenruf von Jupp: »Hab' ich gesehen! Ich war nämlich mit Maaaati schon in der Sauna. Aber nur im Baumarkt. War natürlich nicht geheizt.«

»Will niemand ein Brötchen?«, warf Schorsch jetzt ein. Matti fuchtelte ungeduldig mit den Armen. »Jetzt wir sprechen über Sauna. Bröd«, er fiel offenbar vor Ärger über die dauernden Störungen seiner Rede ins Schwedische, »kommt später. Also, Bänke sind oben, Mitte und unten. Oben ist ganz heiß, unten ist nicht so heiß. Unten sitzen Kinderchen, Omis, Opis, Feiglinge, Leute mit schwachem Kopf (Blick – na klar! – auf Cornelius), ho, ho, ho, ho ... Dann, wichtig: Holz von Bank und Wand kann heiß sein. Darum Vorsicht bei Hinsetzen, wegen – ihr wisst ... Sowieso Tücher hinlegen, zum Sitzen!«

»Genau!«, ließ sich Cornelius vernehmen, »ich hab' mein Unterleg-Tuch schon dabei!« Und er zog ein etwa Handteller großes Stück Frotteestoff aus seinem Badebeutel. »Quatsch!«, äußerte daraufhin Berthold überlegen, »was willst du denn damit? Hier, ich hab' aus meiner Praxis ein Tuch mitgebracht, das ist richtig!« Er zeigte ein schneeweißes, flauschiges Tuch herum, etwa 2,50 Meter auf 1,50 Meter, demnach das exakte Gegenteil des Tüchleins vom Cornelius. Folglich ließ unser lieber Nachbar seinen Untersetzer mit verdrossener Miene wieder verschwinden, zumal Matti erklärte: »Sind Tücher für alle schon reservatiert vor Sauna!« Schorsch: »Aber jetzt sollten wir doch mal was von den Brötchen futtern!« – »Kommt später, Backmensch!«, Matti wirkte leicht genervt und wurde zunehmend unwirsch.

»Jetzt noch Information. In Sauna wird gemacht ›löyly‹ ...wie ihr sagt auf Deutsch?« –»Aufguss«, soufflierte ich. – »Gut, gut, also Aufguss.« – »Mit Duftwasser, zum Beispiel Birkenöl!«, warf Cornelius ein und klopfte herrisch auf seinen Ordner, «wird auf den Ofen geschüttet, und dann wird der Dampf mit einem Handtuch im Raum verwedelt. Steht hier.« – Matti lief rötlich an. »Quatsch, Quatsch, pöhköpää!« Cornelius zog die Augenbrauen zusammen. »Steht aber hier!« – Ich griff beschwichtigend ein. »Soviel mir bekannt ist, gibt es da sehr unterschiedliche Verfahren in den verschiedenen Ländern. Erzähl' du mal, Matti, wie es in Finnland üblich ist!«

Matti sandte noch einen vernichtenden Blick zu Cornelius, dann erläuterte er: »Also, in finnisches Sauna, überlicherweise, Aufguss wird gemacht mit klarem Wasser, etwas warm. Oft ist vasta ...« – »Vasta sind die Büschel aus Birkenzweigen, die hier auf der Terrasse liegen, wie ihr seht«, warf ich erklärend ein. Matti sprach weiter: »Also, klares, bisschen warmes Wasser. Oft vasta wird gelegt hinein. Wird so weich und duftet gut, sehr gut. KEIN ÖL, Cornelius!« – »Is' ja gut!«, murmelte der und packte seinen Schnellhefter weg.

»Noch weitere Regeln«, Matti begann aufzublühen, sobald er gewahrte, dass Cornelius aufgab und wollte weiterreden. »Aber die Brötchen werden langsam echt schwabbelig, wenn sie noch länger liegen!« Schorsch ließ es nicht in Ruhe, dass seine Leckereien so unbeachtet blieben. – »Gut, gut. Also wir essen Brot. Aber nicht viel, ist nicht gut, mit vollem Bauch in Sauna gehen. Ich rede weiter, ihr esst.« Matti gab nach; er schien einzusehen, dass er seine Ansprache leichter über die Bühne bringen würde, wenn seine Zuhörer etwas zum Kauen in der Hand hielten.

»Also: Wenn man will löyly machen, muss man andere Saunamitbewohner ...« Mehrstimmiges Lachen in der Runde; auch ich selbst musste schmunzeln, was den Erfolg hatte, dass Matti uns allen ›einen Vogel zeigte‹, wie es so nett im Deutschen heißt. Dann musste er selbst grinsen. »Alle ihr seid pöhköpäät! Ich will sagen, ›Saunagäste‹, nicht ›Bewohner‹. Man muss fragen andere Saunagäste, ob man darf Wasser werfen. So. Und dann: Saunatür muss immer zu sein!« – »He, he, he, wie sollen wir denn da rein und raus kommen, he?!«, Cornelius' Widerstand flackerte nochmals auf.

Aber Matti ging jetzt nicht mehr auf die Provokation ein. »Muss man immer zumachen, wenn man rein oder raus geht, damit es nicht kalt wird in Sauna. Dann: Ihr habt komisches Eieruhr hier in Sauna. Ihr auch!« Er warf mir einen strafenden Blick zu. »Eieruhr in Sauna! Hab' ich gehört, dass Deutsche gehen nach Eieruhr in Sauna, ho, ho, ho! In Finnland wir kochen Eier mit Eieruhr, aber gehen in Sauna, wie wir wollen. Kann jeder drin sitzen, solange er will oder raus gehen, wenn zu heiß.« – »Wenn wir backen, brauchen wir auch eine Uhr!«, flocht Schorsch, mit vollem Mund kauend, einen Beitrag aus seinem Berufsfeld ein. Matti nickte leicht irritiert. «Gut, gut. Und dann: Gut duschen und kalt, macht Blut lebendig, also ›verenkierto‹. Heißt auf Deutsch?« – »Blutzirkulation. Die wird dadurch angeregt«, übersetzte ich.

»Nach Sauna wir ruhen, trinken bisschen Bier, essen was. Hab' ich echte Saunawurst aus Finnland dabei, können Frauen warm machen, wenn wir Männer schwitzen. Schmeckt gut!« – »Na ja«, dachte ich.

In diesem Augenblick tönte es aus dem Wohnzimmer: »Hu, hu, wir sind fertig. Ihr könnt jetzt in die Sauna!«, und drei krebsrote Frauen in Bademänteln winkten uns lebhaft zu. »Terveisiä saunasta – Grüße aus der Sauna!«, schallte uns der traditionelle finnische Zuruf nach der Sauna entgegen.

Georg Zäpflein schnappte seine Brötchen und gab sie bei meiner jugendlich frischen Ehegattin in Verwahrung, dann nahmen wir Männer Kurs auf den zentralen Ort des abendlichen Geschehens: die Sauna.

Im Flur schrie der Elch aus der Kuckucksuhr acht Mal sein »Kuckuck«.

18

Der Duft in der Sauna war wunderbar: Die Frauen hatten eifrig Aufgüsse gemacht, man roch das herrliche, frische Grün der Birkenblätter, und die Luft war angenehm feucht. Matti steckte seine Nase durch die Saunatür und zog seinen Kopf mit sinnlich-verklärtem Blick wieder hervor: »Aaaaa!«, frohlockte er.

Berthold, Jupp, Schorsch und Cornelius als Letzter hatten den Umkleideraum zögerlich betreten; schließlich herrschte schon dort eine nicht zu verachtende Wärme. Der Große Saunameister Matti verteilte mit herablassender Gestik die Badetücher, wobei er tatsächlich den verschüchterten Jupp mit dem beschriebenen ›Hund und Katze im Doppeldecker‹-Motiv bedachte. Jupp nahm sein Laken widerspruchslos entgegen; fast hatte ich den Eindruck, er fand durchaus Gefallen daran.

Als Matti und ich uns nun zu entkleiden begannen, folgte als erster Berti unserem Beispiel. Seine gestählten Muskeln konnten uns andere vor Neid erblassen lassen, Freund Matti allerdings wirkte nicht sonderlich beeindruckt. Aber wer oder was kann ihm auch imponieren, da er selbst davon überzeugt ist, der Adonis in persona zu sein.

Jupp und die beiden anderen Saunaanwärter legten ihre Kleider nicht vollständig ab, aus keuscher Scham, wie ich vermute. Sie boten allerdings auch so durchaus sehenswerte ›Exponate‹: Jupp trug knielange Bermudashorts in schreiend-farbigem Blumenmuster, Cornelius im Gegensatz dazu eine minikleine blaue Badehose aus Nylon, ganz eindeutig aus den fünfziger Jahren stammend. Der Clou aber war Georg Zäpfleins Beinkleid: Es handelte sich um ein weites, Turnhosen-artiges Gebilde im Flatterlook, bedruckt mit Darstellungen von Brötchen, Salzstangen und einer Art von geringelten Hefeschnecken. Die Motive befanden sich zudem auch noch – es ist mir fast etwas peinlich, es zu schreiben; aber hier geht es schließlich um korrekte Angaben – an den passenden Stellen ... Mit Stolz in den Augen verkündete Schorsch, das sei ein Werbegeschenk der Bäckerinnung, das er auf der letzten Lebensmittelmesse ein Jahr zuvor gewonnen habe. »Noch ganz neu und ungebraucht, wird heute von mir eingeweiht!«, teilte er uns hoheitsvoll mit.

Matti, das bedarf eigentlich keiner expliziten Erwähnung, hatte sofort eine passende – oder besser gesagt, garantiert unpassende – Bemerkung auf den Lippen, verkniff sie sich jedoch, als er meinen warnend-strengen Gesichtsausdruck bemerkte. Er riss nur die Tür zur Sauna auf, einen Schwall glühender Hitze in den Vorraum freisetzend und verschwand wortlos im »Backofen«, wie unser Bäckermeister treffend bemerkte. Wir anderen schlossen uns an, als Letzter Jupp, der wohl auf diese Weise hoffte, eine akzeptable Begründung dafür zu finden, dass er sich auf der untersten Bank niederließ: »Platzmangel. Na ja, macht nichts, ich sitz' dann halt mal unten ...«

Cornelius hockte zusammengekauert in der Mitte, hielt sein Gesicht mit beiden Händen bedeckt und gab gelegentlich ein schmerzliches Stöhnen von sich. Er hatte gleich beim Eintritt, ohne seinen Kopf mehr zu heben als unbedingt erforderlich, nach der von Freund Matti »Eieruhr« genannten Sanduhr neben der Tür getastet, in der Absicht, sie umzudrehen. Das war als Protesthandlung gegen die vom Saunameister während des Einführungslehrganges auf der Terrasse erlittene Desavouierung geplant. Hatte mich extra deswegen noch kurz interviewt, der Kaprizenschädel, wo dieses Objekt hing. Der Erfolg seiner Bemühungen war ein ›zärtlicher‹ Klaps von Mattis Patschhändchen.

Berthold war lässig auf die oberste Sitzbank geklettert und versuchte, dicke zu tun ... Indes: Er hechelte mit offenem Mund wie ein Bernhardiner bei 40 Grad im Schatten, hielt die Augen geschlossen, und ich vermeinte gelegentlich ein geflüstertes »Verdammt, verdammt, verdammt!« aus seiner Richtung zu vernehmen.

Am dickhäutigsten war Schorsch. War ja in gewissem Sinne verständlich, denn er hatte tagtäglich mit seinen Backöfen zu tun. Setzte sich sogleich auf die oberste Bank, stützte seine Arme energisch auf die Oberschenkel und krähte lauthals: »Auf, Kinder, läälä!«, was unzweideutig »löyly!«, also »Aufguss!« heißen sollte. Matti schlug ihm anerkennend auf die Schulter, wodurch der liebe Bäckermeister leicht zusammengefaltet wurde und fragte mit einer Stimme, in der Spott mitschwang: »Kann man machen löyly?«

Aufseufzen und Ächzen war die Antwort, bis auf Schorsch, der todesmutig »Logisch!« krächzte, und mich, der ich unter Aufbietung der letzten Kräfte meiner von Hitze durchwallten Gehirnwindungen ebenfalls ein »Ja« wisperte. Insgeheim reifte in mir längst der Plan, bei nächstbester Gelegenheit den Thermostat auf annehmbare 90 Grad zu stellen; vielleicht bot die zu erwartende Massenflucht aus der Sauna beim Aufguss die Chance dazu, dies, von Matti unbemerkt, zu realisieren.

Mit feierlicher Geste ergriff Extrem-Saunatiker Matti die Holzkelle, schöpfte feierlich aus dem löyly-Kübel, bleckte in wilder Vorfreude seine Zähne und stieß gutturale Laute ähnlich denen eines Orang-Utan aus. Zischend flog ein armdicker Wasserstrahl aus seinem Löffel auf die heißen Steine. Eine schlagartige Welle diabolischer Hitze, einem Inferno heißer Flammenglut gleich, durchstürmte den Raum. Berthold rutschte von der Bank, Cornelius mit sich reißend, Georg Zäpflein japste nach Luft und unternahm den verzweifelten, aber vergeblichen Versuch, vor allen anderen aus der Tür zu kommen, ich selbst, der ich in weiser Voraussicht mich auf der mittleren Pritsche in der Ecke, so weit entfernt vom Ofen wie machbar, niedergelassen hatte, schlug die Hände vors Gesicht und kauerte mich möglichst geduckt zusammen, Jupp, klein und zierlich, wurde fast über den Haufen geworfen und verkroch sich unter der niedrigsten Saunabank.

Und Matti? Der große Dicketuer? Der Neunmalkluge, der mir unzählige Male Vorträge darüber gehalten hat, wer löyly in der Sauna mache, dürfe KEINESFALLS danach die Sauna verlassen? Dieser Maulheld, was tat der?

Na, was wohl: Schmiss die Kelle in den Bottich, flog – haste nicht geseh'n – einem Gummiball gleich zur Saunatür und war in weniger als einer Tausendstelsekunde wie eine menschliche Rakete aus der Sauna.

Soviel zu einer Eigenschaft meines besten aller finnischen Freunde, mit der er sehr gerne vor mir protzt, und die mit dem zentralfinnischen Begriff des ›sisu‹ bezeichnet werden könnte. Dieses Wort ›sisu‹ umschreibt einen Wesenszug, für den es im Deutschen keinen einheitlichen Ausdruck gibt. Primär hat jemand ›sisu‹, der tapfer, hart im Nehmen, zielstrebig, beharrlich und tatkräftig ist und niemals, wirklich niemals, angstschlotternd ausreißt. Eben so ein Held wie Päivis Angetrauter.

Das oben Geschriebene ließe nun den Schluss zu, ich sei der wahrhaft Mutigste und Schneidigste im Sauna-Glutofen Mattischer Provenienz gewesen. Quasi eine Art tollkühner, draufgängerischer Hitzewettkampfmatador, der den übrigen Schwächlingen mal zeigt, wer der Triumphator ist.

Ach, ach, liebe Leserschaft, wie gerne, wie gerne! Jedoch, Ehrlichkeit tut not: Schweißgebadet, nach Atem ringend, fand ich mich selbst ebenfalls im Saunavorraum wieder. Und nichts, aber auch gar nichts konnte mich davon abhalten, die Saunatemperatur sofort auf unter 90 Grad einzuregeln. Matti wollte gleichwohl protestieren, aber das wölfische Geheul der um ihn Versammelten, die ihn mit gefletschten Zähnen umringten, verdeutlichte ihm eindringlich, dass er sich in höchste Lebensgefahr begeben würde, wenn er widerspräche.

Während alle kurz kalt duschten, mit dem Ziel, die auf gefühlte 60 bis 70 Grad erhöhte Körpertemperatur auf ein erträgliches Niveau abzusenken, wurde entgegen jeglicher Tradition und unter vehementem Maulen unseres Großen Saunameisters beschlossen, die Sauna- ebenso wie die Vorraum-Tür einige Zeit offen zu lassen, um eine Abkühlung zu erreichen. Die kleine Pause wurde auf Anregung unseres Bäckereibesitzers (»wir könnten doch inzwischen ein paar Brötchen essen!«) und von Cornelius (»und ein Bier trinken!«) zur allgemeinen Verköstigung genutzt. Die Mannschaft, einschließlich Matti, ließ sich nicht länger davon abhalten, sich wenigstens einen Schluck Gebrautes einzuverleiben.

Es mochte eine Viertelstunde vergangen sein, bis wir bereit waren zum erneuten Saunagang. Matti wurde, nach stillschweigender Absprache zwischen den Saunanovizen und mir, in die hinterste Ecke der Sauna verbannt, möglichst weit weg von Aufgusskübel und Kelle. Das stimmte ihn kurzzeitig knatschig, man hörte sein undeutliches Gemurmel auf Finnisch, von wegen »simpanssit« (Schimpansen), »mammanpoijat« (Muttersöhnchen) oder »pässinpäät« (Schwachköpfe), aber nach recht kurzer Zeit fand er sich ins Unvermeidliche.

Und, war es die Folge der vorausgegangenen Meuterei oder vernunftmäßige Einsicht, war es womöglich nur ein schlauer Schachzug, um die Zuneigung der versammelten Männerriege zu erhalten, oder war es ein mir bisher in all den Jahren unserer Freundschaft verborgen gebliebenes Zartgefühl (das Letztere wohl eher nicht ...): Der Große Saunameister verhielt sich plötzlich unerwartet vernünftig, mindestens mal an seinen sonstigen Verhaltensweisen gemessen. Schwang zwar große Reden, der Schwärmer, von Sauna, Kneipeneröffnung, finnischen Sporterfolgen und Technikentwicklungen, auch die längst ad acta gelegte Parteigründung brachte er wieder zur Sprache, aber er war rücksichtsvoll mit löyly, zeigte geduldig und einfühlsam den richtigen Gebrauch der vasta und verlor kein anzügliches Wort, als Jupp mehrfach den Versuch machte, auf der höchsten Bank zu sitzen, sich aber schon nach wenigen Minuten wieder nach unten begab. Es wurde so richtig entspannend in der Sauna, lustig und unbeschwert. Das paradiesische Aroma der frischen, zarten Birkenblätter, die freundliche Wirkung des Gerstensaftes, die jetzt so schmeichelnde Wärme statt der Überhitzung: Wir fühlten uns einfach wohl, sanftmütig und friedfertig und hockten harmonisch zusammen, milde gestimmt und voller Behagen.

So muss sich Adam im Garten Eden gefühlt haben, ehe die arglistige Schlange ihn via Eva zum folgenschweren Apfelbiss verführte – jedenfalls, sofern es damals im Paradies schon eine Sauna gegeben hat. Matti war davon überzeugt, als ich diese Meinung in der schwitzenden Runde kund tat; denn mit absoluter Sicherheit habe das Elysium auf finnischem Boden gelegen, meinte er. Freilich bemerkte er dazu: »Ist sich Adam trotzdem gewesen armer Hund. Musste sitzen allein in Sauna, nix Männerrunde!« Da hatte er nach übereinstimmender Ansicht aller Anwesender recht.

Wir hatten wohl gegen eineinhalb bis zwei Stunden in wechselnder Besetzung in der Sauna und davor gesessen, die von

Matti konsequent als »Saunaneumacher« titulierten Gäste hatten sich in dieser Zeitspanne schon zu regelrecht routinierten Halbprofis entwickelt, die sich gegenseitig beim löyly zu übertreffen suchten, als sich meine umsichtige Lebensgefährtin durch die geschlossene Tür vernehmen ließ. Sie wolle lediglich dezent anfragen, wie lange wir noch im Schwitzkasten zu verharren gedächten, die Uhr zeige schon auf halb Elf, erklang ihre liebenswürdige Stimme.

Diese Mitteilung weckte unseren vor sich hin dösenden Schorsch aus seiner kontemplativen Versunkenheit: »Oh, Mann, gut, dass sie Bescheid sagt! Ich muss ja um drei Uhr in der Früh schon wieder in die Backstube! Wird Zeit, Schluss zu machen!« Matti staunte: »Was das ist? Warum du musst backen Brot mitten in Nacht?« Er zeigte ehrlichen Respekt für unseren Freund Zäpflein, nachdem wir ihm erläutert hatten, wie anstrengend die Arbeit eines Bäckers in Deutschland ist.

Wie bei meinem Kumpel üblich, äußerte er seine Bewunderung in lebhaften Worten: »Bist du armes Brötchenbäckerlein. Sollst du aber heute Abend bekommen gesungen Saunalied!« Er winkte mich zu sich. »Du bist Musikus, singst du mit! Alle anderen auch. Ihr könnt nicht Wörter, aber Musik ganz einfach. Ist altes Lied für Kinder, hat gesungen meine ›äiti‹ (Mutter). – Aber erst ich singe allein.« Er stellte sich in Positur, rücksichtsvollerweise schlang er sich erst noch sein Badetuch um die Hüften. Dann ertönte sein Bass: »Mömömö ..., mumumu ..., mimimi ...«, und wir legten los. Ich kannte Text und Melodie aus der Zeit, als unsere Kinder klein waren und ihre finnische ›mummi‹ (Omi) ihnen in der Sauna öfters vorgesummt hat.

Hier ist der finnische Liedtext mit einer freien, zugegebenermaßen holprigen (um möglichst dicht an den finnischen Wörtern zu bleiben) Übersetzung ins Deutsche:

Saunavihdat

Lapsoset ketterät kotihaasta
koivusta oksat taittaa
noistapa nopsilla käsillänsä
saunahan vihdat taittaa
lauteilla saunan kotoisen taas illalla kylpy maittaa
lauteilla saunan kotoisen taas illalla kylpy maittaa

Pehmyt on lapsista aina vihta
äiti jos vihtomassa
lämpöinen löyly on kotisaunan
toisin on vierahassa
jospahan säilyis äidin lapset kylmältä maailmassa
jospahan säilyis äidin lapset kylmältä maailmassa

Sauna-Birkenbüschel

Flinke Kinder brechen Birkenäste
in der Hausumgebung,
und sie binden mit geschickten Händen
aus den Zweigen Saunavihta.
Zu Hause, auf den Bänken in der Sauna,
behagt dann das Bad am Abend,
zu Hause, auf den Bänken in der Sauna,
behagt dann das Bad am Abend.

Für die Kinder ist die vihta immer weich,
wenn die Mutti sie macht,
warmes löyly gibt es in der Sauna zu Hause,

anders als bei Fremden.
Wenn nur Mutters Kinder geschützt werden
vor der Kälte der Welt,
wenn nur Mutters Kinder geschützt werden
vor der Kälte der Welt.

Ist es vorstellbar, dass wir sechs erwachsenen Männer halbnackt im Saunavorraum standen und ein Bär von Finne gemeinsam mit mir ein finnisches Sauna-Kinderlied zum Besten gab, während die restlichen Vier eifrig versuchten, mitzusingen? Es war eine ganz eigene Stimmung, ein Gemisch aus Ulk und Ernst, aus Amüsement und Melancholie. Sogar die drei Damen, die oben auf uns warteten, und denen unsere konzertante Aufführung nicht entgangen war, zeigten wohl ein heiteres Schmunzeln, hielten sich aber mit spöttischen Bemerkungen zurück.

Bester Stimmung hockten wir noch für eine halbe Stunde im Wohnzimmer beisammen, auch Schorsch Zäpflein blieb trotz vorgerückter Stunde noch da. Päivi und meine beflissene bessere Hälfte hatten die Saunawurst vorbereitet. Im Allgemeinen braten wir diese ›Delikatesse‹ in Finnland in unserer holzbeheizten Sauna über dem Saunaofen, in unserer hiesigen Elektrosauna war das nicht möglich. Dennoch pries unser Großer Saunameister dieses finnische Mitbringsel aus seinem Reisekoffer als eine der erstrangigen Spezialitäten aus dem Norden. Und die Saunanovizen griffen eifrig zu, wobei allerdings auffiel, dass beispielsweise Jupp, Cornelius und Berthold zu jedem Bissen mehrere Schluck Bier benötigten. Waren die Stücke zu groß? Waren die Kerle dermaßen von Durst geplagt? Gab es andere Gründe?

»Sehr, sehr lecker!”, nuschelte der kleine Jupp angestrengt. »Bemerkenswert, wirklich höchst bemerkenswert!«, säuselte

Cornelius. »Ist wirklich was ganz Besonderes!«, murmelte Berthold. »Sowas hab' ich noch nie gegessen!«, japste Schorsch, und das zumindest war ehrlich gemeint.

Matti selbst langte mächtig zu. Er hatte sich ein Handtuch wie einen Turban um den Kopf gewunden und sich, einer Kreuzung aus römischem Centurio und indischem Guru gleich, in Querlage aufs Sofa gepflanzt, hielt in der einen Hand seine ›Cerevisia‹, in der anderen ein großes Stück Saunawurst und war sichtlich bis in die letzte Faser seines Herzens zufrieden.

Wenig später klatschte Cornelius in die Hände, nahm Rednerhaltung an, zog feierlich einen Zettel aus seiner Bademanteltasche, las vor und verkündete: »Lieber Freund Matti, es war ein schöner Abend und wir alle danken dir und deiner Frau sehr!« Die Versammlung nickte beifällig. »Auch dir, verehrter Gastgeber und Nachbar sowie deiner Gemahlin«, er verneigte sich feierlich vor uns, »sei gedankt für die Gastfreundschaft.« Die Anwesenden applaudierten kurz. »Wie ihr wisst, bin ich langjähriger Vorsitzender unseres Schrebergartenvereins 'Saftige Zwiebel', in dem wir alle ja Mitglied sind. In dieser Eigenschaft und als Dank möchte ich euch fürs kommende Wochenende, also übermorgen, zu unserem Sommerfest einladen. Es erwartet euch ein buntes Programm mit viel Kurzweil und ...«, er wendete das Blatt, auf dem er seine Rede vermerkt hatte, »... Spannung!«

Cornelius erhielt rauschenden Beifall für seine Worte, Matti erhob sich daraufhin von seinem Lager, richtete sich theatralisch in die Höhe, legte seine rechte Hand auf seine linke Körperhälfte, in einer Höhe, von der er, wie ich annehme, sein Herz vermutete, wo meiner anatomischen Kenntnis nach aber eher der Dickdarm zu sitzen pflegt. Dann schaute er seine treue

Angetraute, meine unentbehrliche Göttergattin und mich fragend an, und als wir alle Drei zustimmend den Kopf senkten, füllte seine Stimme den Raum: »Es ist Ehre und Berühmtsein für uns zu kommen in euren Gemüsepark!«

Unter freundschaftlichem Händeschütteln verabschiedete sich die Clique wenig später, Matti und ich begleiteten Cornelius, Berthold und Jupp noch die wenigen Meter zu ihren jeweiligen Häusern. Es war 24 Uhr und ein gelungener Abend.

Eine kurze Episode ist noch anzumerken: Wir bemerkten beim Heimkommen ein Auto vor Elfriedchen Haumanns Haustür. Ich erkannte den Wagen von Dr. Hurtig, dem Dorfarzt. Die Dorfbewohner nennen ihn nur Dr. Quecksilber, wegen seiner rastlosen Flinkheit.

Am nächsten Vormittag begegnete mir beim Weg zur Post Elfriedes Tochter Bärbel, eine redselige, nervenschwache Mittvierzigerin. Sie trat in eben jenem Moment aus Elfriedchens Haustür, als ich daran vorübereilen wollte. »Ach, guten Morgen!«, hörte ich sie rufen. »Ist es nicht ein Unglück?« – »Was ist denn?«, fragte ich erstaunt. »Ach, stellen Sie sich vor, Mama hat sich doch heute Nacht schon wieder die große Zehe gebrochen, noch dazu jetzt die linke, wo doch die rechte noch kaputt ist.«

19

Wir hatten den Freitag vor dem großen Ereignis, sprich Sommerfest beim Schrebergartenverein ›Saftige Zwiebel‹, wörtlich genommen und dazu genutzt, uns ausgiebig von den Anstrengungen der zurückliegenden Unternehmen zu erholen. Meine ihre Nächsten stets und ausnahmslos liebende Gattin hatte Elfriedchen in ihrem Heim aufgesucht und fürsorglich nachgefragt, ob sie Unterstützung und Hilfe brauche. Ich hatte mich in ehelicher Solidarität und mit relativer Freiwilligkeit (na ja ...) an diesem Krankenbesuch beteiligt, Matti schloss sich uns aus »Mitgefühl«, wie er unter merklicher Belustigung kundtat, an. Dabei unterließ er es, näher auszuführen, ob dieses Mitgefühl unserer beidfüßig verletzten Nachbarin galt oder eher mir, der ich meine selbstlose bessere Hälfte begleitete.

Es dauerte etwas, bis Elfriede Haumann zur Haustür geschlurft kam und uns öffnete. Dann komplimentierte sie uns in ihr Wohnzimmer, schilderte uns mit anschaulicher Beredsamkeit den Hergang der beiden nächtlichen Unfälle und ihren Krankenhausaufenthalt, präsentierte ihre dick umwickelten Großzehen und berichtete über ihre sonstigen körperlichen Leiden, die schwere Zeit nach dem Krieg, die Unarten ihres vor etwa siebzehn Jahren verstorbenen Ehegatten namens Roderich – Gott hab' ihn selig – und die unendliche Mühe beim Erstellen des gemeindlichen Kirchenblättchens. Meine mitleidige Ehefrau und ich äußerten unsere Anteilnahme, Matti schüttelte ihr ebenfalls mitfühlend die Hand und meinte mit treuherzigem Augenaufschlag: »Herzlichen Glückwunsch!«, was nicht unerheblich zu einem verwirrten Gesichtsausdruck unserer Nachbarin beitrug. Ich fühlte mich daher verpflichtet, ihr zu-

zuflüstern: »Er spricht nur gebrochen Deutsch und meint in Wirklichkeit ›gute Besserung‹!« Das allerdings führte dazu, dass mein finnischer Freund mich dezent aber spürbar in die Rippen stieß und mir ins Ohr raunte: »Bist du dummes Dummkopf! Ist doch gemeint von mir als Witz!«

War es unsere Absicht gewesen, unseren Besuch bei Elfriede als kurze Stippvisite in überschaubarem zeitlichem Rahmen zu absolvieren, so wurde dieses Vorhaben nicht nur durch ihre wahrhaft ungezügelte Gesprächsbereitschaft – man hätte es auch ›Sprechdurchfall‹ nennen können – verhindert, sondern Matti machte sich einen Spaß daraus, jeden Versuch eines Aufbruchs unsererseits jeweils schon im Ansatz durch Interesse heuchelnde Erkundigungen nach biografischen Details aus Elfriedchens Memoiren zu unterlaufen. Hatte auch Erfolg damit, der herzlose Wicht, denn unsere mitteilungsbedürftige, zehenleidende Nachbarin versank schilderungstechnisch tiefer und tiefer in der Bodenlosigkeit ihrer kürzer oder, genau genommen, ihrer länger zurückliegenden Vorgeschichte. Glücklicherweise erschien endlich Bärbel, Elfriedes schon vorgestellte nervenschwächliche Tochter, mit vorbereiteter Mahlzeit fürs Mütterchen. So gelang es mir, mit Hinweis auf die näher rückende Mittagszeit und die damit untrennbar verbundene Erfordernis der Essenszubereitung in unserem Haushalt, den Krankenbesuch zu einem würdigen Ende zu bringen. Auch Matti schwieg, was mich nicht verwunderte, da von bevorstehendem Essen die Rede war …

Der Nachmittag fand Päivi und mein erholungsbedürftiges Ehegespons in unserem Garten, entrückt in träumerischem Nichtstun. Beide hatten zentnerweise finnische Bücher und Illustrierte aus dem mehrere Kubikmeter umfassenden literarischen Reservoir meiner lesewütigen Lebensgefährtin in Reichweite ihrer Hände gelagert und waren völlig in die Lektüre dieser muttersprachlichen Werke vertieft. Ich bin mir (fast) sicher, dass sie selbst durch das Geknatter des Haumannschen Rasenmäherungetüms nicht aus ihrer weihevollen Leseversunkenheit hätten geweckt werden können. Auf meine diesbezügliche Bemerkung hin machte Freund Matti, ausgewiesener Literatur-Kostverächter und Lärmliebhaber, den Vorschlag, dies auszutesten. Er erbot sich, Elfriede um Erlaubnis zum kurzzeitigen Gebrauch ihrer Krachmaschine zu bitten, zwecks eines wissenschaftlichen Tests. Nach reiflicher Überlegung und Abwägen der zu erwartenden Folgen verweigerte ich jedoch diesem Vorhaben die Zustimmung, und so blieb unser Wohnviertel ruhig und die anstehende Frage ungeklärt.

Auf Mattis Wunsch hin informierte ich ihn nach dem Mittagessen über die näheren Einzelheiten unseres örtlichen Schrebergartenvereins ›Saftige Zwiebel‹. Obgleich ich selbst nicht Mitglied bin, verfüge ich über weitreichende Informationen zu dieser dörflichen Laubenkolonie, einmal durch mündliche Mitteilungen diverser Dorfmitbewohner, aber vor allem durch umfangreiche Unterlagen, die mir Cornelius Buxenhammer in seiner Eigenschaft als Vorstand des Vereins immer wieder ausgehändigt hatte, mit dem Wunsch, ich möge doch endlich meinen Beitritt erklären.

Darüber hinaus waren in unserem Briefkasten Einladungen zur Teilnahme am Sommerfest zu finden gewesen, und zwar mehrfach. Denn nicht nur die Jugendabteilung der ›Saftigen Zwiebel‹ hatte die Faltblättchen verteilt, sondern in bewundernswertem, engagiertem Gemeinschaftsgeist auch der Seniorenzirkel des Schützenvereins, die Pfadfinder, die Jugendfeuerwehr, der Kegelverein, die Kirmesburschen, der Angelverein, die Turn- und Sportvereinigung, die katholische ebenso wie die evangelische Kirchengemeinde und der Ortsverband der Philatelisten. Sogar unser hiesiger Motorradclub ›Devil Panthers‹, bestehend aus immerhin vier Mitgliedern, die mit ihren knatternden Feuerstühlen oft und gern zur Lärmbelästigung in unserem Dörfchen und den umliegenden Gemeinden beitragen, waren vor wenigen Tagen unter lautstarkem Getöse durchs Wohngebiet gedüst und hatten die Werbezettel des Kleingartenvereins bei laufenden Motoren ordentlich gefaltet und sorgsam in die Briefkästen gesteckt.

Es herrschte demnach bei mir keinerlei Mangel an Informationsmaterial über den Veranstalter des Events am morgigen Samstag, und Matti und ich setzten uns zusammen, um das Material zu sichten.

Für Matti war schon der Begriff Schrebergarten ein ›böhmisches Dorf‹. Er akzeptiert bis heute ausnahmslos nur Einrichtungen mit dem Namen ›Sommerhaus-Grundstück‹, auf Finnisch als ›kesämökkitontti‹ bezeichnet: mehrere Tausend Quadratmeter groß, urig und baumbeschattet, möglichst mit Uferanschluss. Als ich ihm mitteilte, meine Internetrecherchen hätten erbracht, dass es auch in Finnland eine nennenswerte Anzahl von Kleingärten gibt, löste das bei ihm ungläubiges Staunen und erhebliche Zweifel aus. Und als Päivi in einer kurzen Lesepause ihrem Göttergatten eröffnete, dass sogar die frühere finnische Staatspräsidentin Tarja Halonen in ihrer Freizeit in ihrem ›siirtolapuutarha‹ (zu Deutsch etwa ›Koloniegarten‹ oder ›Siedlungsgarten‹) mit höchstem Vergnügen werkele, ging für ihn so ungefähr die Welt unter …

Davon habe er noch nie etwas gehört, behauptete er. »Ist sich sicher falsches, gelogenes Märchen!«, war sein Kommentar. Er beharrte starrköpfig darauf, Kleingärten seien finnischer Agrartechnologie, ja sogar schon finnischer Bauernweisheit unwürdig, sie seien Relikte verschwundener, längst untergegangener Daseinsformen. Sie könnten allein schon deswegen in Suomi nicht existieren, weil man keine Sauna darauf bauen könne.

Nachdem Päivi ihm eine finnische Illustrierte unter die Nase gehalten hatte, die sie in ihrem Stapel entsprechender Publikationen fand, und die, wie's der Zufall manchmal will, eine reich bebilderte Reportage über Tarja Halonens Kleingartenaktivitäten enthielt, knarzte Genosse Matti unwillig »und Mond ist sich aus Käse!« vor sich hin. Anschließend strich er das Thema ›siirtolapuutarha‹ von der thematischen Tageskarte und verlangte gezielte Aufklärung über unsere ›Saftige Zwiebel‹: Darüber, welchen Sinn diese »Gartenlandungsvereinigung« habe, wie man Mitglied werde, welche Regeln es dort gebe, welches Programm für das Sommerfest vorgesehen sei, ob es dort Bier zu trinken gebe und über allerlei mehr. Mehrfach ließ er in seine Rede einfließen, dass er beabsichtige, am morgigen Tag im gleichen Outfit wie in der jüngst vergangenen Woche zum Stammtisch zu erscheinen, allerdings mit Holzfällerhelm. Ich beschloss daraufhin, das Monstrum zu entführen und zu verstecken und versicherte mich gegen Abend hierzu der Hilfe von Päivi, die sie mir auch ohne Zögern zusagte.

Um die Wissbegierde meines finnischen Kumpels in Bezug auf unseren Kleingartenverein zu befriedigen, ging ich mit ihm die erwähnten Papiere durch. Matti kam aus dem Staunen nicht heraus: Ich stellte ihm als Erstes kurz das Bundeskleingartengesetz vor; es besagt unter anderem, dass eine Schrebergartenlaube nicht größer als 24 qm und »nicht zum dauerhaften Wohnen« geeignet sein darf. Beim Verlesen der Bestimmung, ein Kleingarten dürfe maximal 400 qm umfassen, umspielte ein dezent-verächtliches Grinsen die Lippen meines ›Finnländers‹.

Die Satzung der ›Saftigen Zwiebel‹ überflogen wir nur kurz, weil sie zu umfangreich zum detaillierten Lesen war. Das Gleiche galt für Beitragsordnung sowie Geschäftsordnung. Interessanter und weitaus amüsanter fanden wir die ›Gartenordnung Saftige Zwiebel‹: Gleich im ersten Paragraphen wurde »Unterwerfung« verlangt, nämlich unter die Gartenordnung, den Pachtvertrag und das BKleinG (Bundeskleingartengesetz) und die weiteren Maßgaben des Vereins. Matti kraulte sich zweifelnd den Schädel.

Dann fanden wir in der Gartenordnung einen Paragraphen mit dem Titel: »Figürliche Ausgestaltung der Parzellen«. Danach waren Gartenzwerge nur bis zu einer »Höchstgröße von 50 cm inklusive der jeweiligen Zipfelmütze« erlaubt. Im Abschnitt »Garten- und Landschaftsarchitektur« war festgelegt, dass die Errichtung von Teichanlagen wegen der damit geförderten »Massierung von Stechmücken« nicht gestattet sei. »Kartoffeln dürfen auf nicht mehr als einem Drittel der Gartenfläche angebaut werden.« Und: »Die Gärten sind keine Spielplätze. Kinder dürfen sich nicht ohne Aufsicht Erwachsener in den Parzellen aufhalten.« »Mitgeführte Hunde sind an der Leine zu führen« (Matti strahlte: »Ha, wie in Finnland, ho, ho, ho!«). »Kläffer werden nicht geduldet!«

Besonders einleuchtend erschienen uns beiden die einleitenden Sätze im Abschnitt »Laubenbau«, die ich hier wörtlich wiedergebe: »Beim Errichten einer Gartenlaube gelten die Richtlinien zum Errichten einer Gartenlaube.« Matti stöhnte vor Freude. Mit spitzen Fingern, wie ein unschätzbar wertvolles Dokument, hielt er die »Laubenbaurichtlinien des Kleingartenvereins Saftige Zwiebel«, vierzehn engbeschriebene Seiten, in seinen Händen. Seine Augen waren feucht von Lachtränen. »Darf Papier mitnehmen nach Hause? Zu zeigen Jussi, Aarne und Kari? Und zum Aufhängen in Goldrahmen im Sommerhaus, bitte?«

Bei meinen Unterlagen befand sich weiterhin noch eine »Richtlinie über das Halten von Tieren im Kleingartenverein Saftige Zwiebel«, die neben zahlreichen anderen Dingen festlegte: »Das Einstellen von Großvieh wie Rindern (Matti: »Muuu!«), Schweinen (Matti: »Grunz!«), Ziegen und Schafen (Matti: »Määä!«), Katzen (Matti: »Miauuu!«) und Tauben (Matti: »Gurrr, gurrr!«) oder Straußen (Matti: »?«) ist nicht gestattet.«

Und letztlich gehörte zum Dossier, das mir Cornelius nicht ohne Stolz überreicht hatte, noch die sog. »Brennordnung« (Matti: »Ordnung muss, muss, muss sein!«). Hier ein Textausschnitt: »Das Verbrennen von Gartenabfällen ist an jedem 3. Samstag im Monat in der Zeit von 9.30 Uhr bis 17.45 Uhr gestattet, an allen anderen Tagen verboten. Fällt der 3. Samstag auf einen Feiertag, darf kein Feuer gemacht werden. Es ist dann jedoch als Ausnahmefall erlaubt, am darauffolgenden Montag Gartenabfälle zu verbrennen, jedoch nur in der Zeit von 10.15 Uhr bis 11.15 Uhr sowie von 15.30 Uhr bis 17.30 Uhr. Dies gilt, sofern der Montag nicht auch ein Feiertag ist. Ist dies der Fall, verschiebt sich die erlaubte Brennzeit auf Dienstag. Gegrillt werden darf nur von 12 Uhr bis 14 Uhr sowie ab 18 Uhr, das jedoch täglich, außer an folgenden Tagen: Karfreitag, Karsamstag, Tag der deutschen Einheit, 24., 25. sowie 26. Dezember.« Matti wälzte sich vor Vergnügen am Boden.

Wir wandten uns nun dem eigentlichen Festprogramm zu, wobei, wie erwähnt, der maßgebliche Punkt für Genießer Matti die flüssige und feste Verköstigung war – vor allem die flüssige, denn Matti liebt deutsches Bier. Das Programm enthielt zwar keine expliziten Angaben zu diesen Fragen, so dass sich schon

Enttäuschung in Mattis Zügen malte. Ich beruhigte ihn aber mit dem Hinweis, dass die Rückseite des Faltblättchens eine ganzseitige Anzeige des überregionalen Bierlieferanten, gleichzeitig auch langjähriger Versorger der Vereinsgaststätte der ›Saftigen Zwiebel‹, zierte. Es sei mir nicht vorstellbar, erläuterte ich meinem lieben Freund, dass dort für Bier geworben werde, wenn nicht auch Bier ausgeschenkt werde. Diese Versicherung bewirkte eine deutliche Entspannung meines finnischen Freundes.

Die Veranstaltung bot laut dem Faltblatt zahlreiche Programmpunkte: Reden des beliebten Ortsbürgermeisters Alfons Koppert, des Schirmherrn Theobald W. Higgelbaum, in Personalunion Reisebusunternehmer (im Sommer) und Streufahrzeugführer (im Winter) sowie des schon bekannten Vereinsvorsitzenden, unseres sprachgewaltigen, tüchtigen Cornelius Buxenhammer. Spiele für Kinder und Jugendliche wurden versprochen, ebensolche für die erwachsenen Besucher, Blasmusik und am Abend Tanz mit den ›Munteren Schalotten‹. Das ist eine eigene Band des Kleingartenvereins, bestehend aus einem Schlagzeuger, einem Bassisten, einem Gitarristen, einem Klarinettisten und Trompeter sowie einer durchaus sehens- und hörenswerten Frontfrau: jener Doris, die im ›Fröhlichen Ochsen‹ Biergläser und Schnitzelteller graziös und wendig, einem Kugelblitz ähnlich, zwischen Theke, Tischen und Stühlen balanciert und schon dort in Matti einen entschiedenen Bewunderer gefunden hatte. Die Augen meines angespannt lauschenden Freundes begannen glücklich zu leuchten, als ich ihm erzählte, Doris werde ihm singenderweise begegnen. »Ist ganz klar, muss sie mitkommen nach Finnland. Werde ich fragen, wenn sie hat gesungen«, wärmte er seine alte Schnapsidee wieder auf, von der ich gedacht hatte, er habe sie längst abgehakt.

Ein weiterer Höhepunkt des Festprogramms war und ist alljährlich wieder die Tombola mit von der Einwohnerschaft gespendeten Preisen. Matti, kaum hatte er von mir vernommen, dass so ziemlich jeder Dörfler ein Präsent zur Verfügung gestellt hatte, äußerte die Absicht, dies ebenfalls zu tun. Das war ja gut gemeint, aber es kostete mich und Päivi einiges an Überredungskunst, ihn davon abzuhalten, diesem Wunsch sofort die Tat folgen zu lassen.

Warum? Nun, er versteifte sich lange Zeit darauf, den kostbaren Sommerhaus-Nachttopf aus seinem Koffer zu kramen und Cornelius Buxenhammer als seinen Beitrag zur Tombola zu überreichen. Zu guter Letzt brachte Päivi ihn glücklicherweise dazu, von diesem Vorhaben Abstand zu nehmen, mit dem Hinweis, dass es sich um ein altes Erbstück von erlesener Qualität handele, das zudem mit vielen Reminiszenzen sehr, sehr persönlicher Art verbunden sei.

Matti betrachtete das Nachtgeschirr daraufhin wehmutsvoll, drehte und wendete die Schüssel andachtsvoll und nickte Zustimmung, ganz offensichtlich von Erinnerungen überwältigt. »Hast du recht, ist sich ... wie sagt man ... Unikum ... nein, Unikat. Ist vielleicht auch nicht erlaubt zu geben ins Ausland, ist sich schließlich echtes Antiquität!« Und so wanderte das Gebilde wieder in den Koffer, sorgfältig in Seidenpapier verpackt. Ersatzweise händigte ich ihm eine Glasvase aus, die seit Jahrzehnten bei uns in der Abstellkammer vor sich hin schlummerte, und die er auch umgehend zu Nachbar Buxenhammer trug. Der nahm sie erfreut entgegen und bedankte sich bei dem »lieben Finnländer« mit einem Wacholderschnaps, wodurch sein Renomee in Mattis Augen enorm stieg.

Bei Durchsicht des Veranstaltungsplans fanden wir noch einige weitere Ankündigungen, die uns erwartungsfroh stimmten: Es gab ein Preisrätsel, bei dem die Namen verschiedener Obst- und Gemüsesorten erraten werden mussten, die neue Vereinsfahne sollte von den Seelsorgern der evangelischen und der katholischen Gemeinde geweiht und anschließend feierlich gehisst werden. Und: Es wurde ein Holzhackwettbewerb veranstaltet, getrennt für Frauen und Männer, an dem jede und jeder teilnehmen konnte. Der Siegerin und dem Sieger winkte als Belohnung der Gewinn einer nagelneuen Spaltaxt oder eines Kosmetiksets, je nach Wunsch. Matti bemängelte prompt, dass nicht angegeben war, welcher dieser beiden Preise für die Siegerin, welcher für den Sieger gedacht war.

Ganz selbstverständlich war für ihn, dass er an dieser Hackdarbietung teilnehmen – und als Sieger daraus hervorgehen würde. Päivi wurde von ihm aus ihrer Leseversunkenheit gerissen, indem er ihr mitteilte, auf sie warteten große Aufgaben: Sie müsse die Ehre der finnischen Frauen verteidigen und sich ebenfalls zum Holzhack-Event anmelden. »Mit ›sisu‹!«, ergänzte er.

Päivi ist, wie ich immer wieder beobachten konnte, eine patente, humorvolle Frau – ich behaupte mal, sonst wäre ihr Zusammenleben mit ihrem chaotischen Lebensgefährten längst Geschichte. So auch jetzt. Sie überflog das Faltblatt und fand besonderes Gefallen an den angekündigten Kinderspielen. Dann blickte sie ihrem Göttergatten, der, erwartungsvoll auf ihre Antwort wartend, in wahrer Höchstspannung vor ihr verharrte, mit todernster Miene in die Augen und schüttelte in penetranter Langsamkeit den Kopf, was regelrechte Panikreaktionen bei meinem teuren Freund auszulösen schien.

Im Anschluss, Matti war soeben dabei, eine seiner berühmt-berüchtigten Herzattacken zu produzieren (man erinnere sich an die Szene bei der Heimkehr von unserer Männer-Kuckucksuhr-Reise), feixte sie triumphierend und vergnügt. »Ist es dir so wichtig, lieber Matti?«, flötete sie, und als ihr Ehemann emsig nickte, erhob sie sich aus ihrem Liegestuhl, drückte ihm einen Kuss auf die Lippen und meinte: »Dann also! Wir zeigen mal, was Finnen können!«

Matti wandte sich mit stolzgeschwellter Brust zu mir, ich weiß nicht, war es wegen des Kusses oder wegen Päivis Zusage, und sein Bass erklang: »Morgen, kleines Buchschreiberlein, wir werden sein siegvolles finnisches Ehepaar!«

20

Der große Tag war gekommen. Es war gleichzeitig für Päivi und Matti das letzte Wochenende in Deutschland, am Montag der kommenden Woche sollte es wieder nach Norden gehen. Ich hatte den beiden versprochen, sie nach Travemünde zum Fährschiff zu kutschieren, Matti hatte insistiert, ich solle auf jeden Fall einen Zwischenstopp in Göttingen oder Hannover einplanen. Er hatte das Wortspiel zum Begriff ›Leine‹ nicht vergessen und wollte unbedingt seinen Freunden in Finnland berichten können, er habe Päivi an der Leine spazieren geführt. Mich erstaunt doch immer wieder, wie gut er Themen, die ihn interessieren, im Gedächtnis behält und konsequent auf ihnen beharren kann.

Wenn mein finnischer Kumpel sich auch schon in aller Herrgottsfrühe von seinem Lager erhoben hatte, um möglichst der Erste zu sein, der die Rollläden nach oben zog – eine Beschäftigung, die immer noch zu den von ihm privilegierten Aktivitäten zählte (aber ja, bescheiden ist gegebenenfalls der Mensch in dem, was ihm Freude bereitet) und so dem Tageslicht Zutritt gewährte: Diesmal kam er zu spät. Nachbar und Zwiebelchef Cornelius Buxenhammer war längst aus den Federn, hatte seine Jalousien hochgerollt, ja, hatte seine Wohnstätte schon geraume Zeit vor Mattis Rollladenaktion verlassen und war in Richtung Laubenkolonie verschwunden, modisch schick und fürnehm ausstaffiert, um die Oberaufsicht über die letzten Vorbereitungen fürs Fest zu übernehmen.

Aus der Ferne waren Hammerschläge sowie weitere undefinierbare Geräusche zu vernehmen, die den Morgen durchzitterten und das Dorf überzogen. Sie erzeugten einen atmosphärisch-festlichen Vorgeschmack, und sie wiesen unmissverständlich darauf hin, dass hier und heute große Ereignisse ihren Lauf nehmen würden. Immer wieder zogen Kinder und Jugendliche an unserem Haus vorbei, fröhlich schwatzend und mit Ziel Gartenverein. Gelegentlich konnte man einen bunten Luftballon entdecken, der einsam den Himmel erklomm und in der Bläue verschwand. So manche der roten, blauen, grünen und gelben Gaskugeln schien dem zuständigen Aufbläser zu entfleuchen. Meiner Kenntnis nach hatte sich Adalbert Pöckelreif bereit erklärt, diese Aufgabe zu übernehmen. Er ist der (einzige) Schreibwaren- und Zeitschriftenhändler unseres Ortes, hat, wie vielfach üblich, seinem Geschäft auch eine Lottoagentur angegliedert und vertreibt gleichzeitig in geringem Umfang Devotionalien, auf Druck unseres katholischen Pfarrers. Daher ist er von der geistlichen Herrschaft verpflichtet worden, sämtliche Publikationen, deren Titelbilder oder Inhalte nach Meinung der klerikalen Moralinstanz auch nur im Geringsten gefährlich für die Tugendhaftigkeit der Einwohnerschaft werden könnten, entweder gänzlich zu eliminieren oder zumindest in die hinterste, dunkelste Ladenecke zu verbannen – mit dem unseren hochwürdigsten Herrn überraschenden Ergebnis, dass gerade dort sich unsere Jugend- und Seniorenriege trifft.

Matti hielt es während des Frühstücks kaum am Tisch. Alle paar Minuten erhob er sich unter fadenscheinigen Vorwänden, um aus dem Fenster zu schauen. Es war Päivi und mir nicht gelungen, ihm den ›erikoismetsuri‹-Helm zu entwenden, da er ihn schon seit dem Vorabend unablässig bei sich trug. War auch, wie Päivi uns berichtete, mit ihm zu Bett gegangen, ihn fürsorglich umschlingend. Unter dem Aspekt, dass er an dem Holzhackwettbewerb teilnehmen wollte und der Helm dazu irgendwie passte, hatten wir uns also darauf beschränkt, ihn zu überzeugen, das Monstrum erst aufzusetzen, wenn es zu dieser Aktion käme – und hatten, unterstützt von meiner weisen Ehegattin, nach einigen vergeblichen Anläufen sogar Erfolg.

Die Unruhe des finnischen Experten in Holzarbeiten und Verrücktheiten jeglicher Art nahm kaum bezähmbare Ausmaße an, als er bei einem erneuten Spähblick aus dem Fenster feststellte, dass soeben Elfriedchen, gekleidet im Sonntagsstaat und mit showreifen Verbänden an beiden Füßen, von Bärbel und deren langjährigem Freund Jürgen per Rollstuhl aus ihrem Haus gehievt und mit Zielpunkt ›Saftige Zwiebel‹ davongerollt wurde. »Nachbarsfrau mit Fußdefekt ist sich schon auf Weg! Wir jetzt müssen los!«, tönte er und stülpte sich energisch seinen Helm auf die Ohren. Erst auf Päivis Intervention hin, er habe doch versprochen, den Topf frühestens beim Holzhacken aufzusetzen, nahm er ihn wieder ab, drängte jedoch zu sofortigem Aufbruch.

Selbstverständlich ließen wir meinen finnischen Freund noch eine Zeitlang zappeln. So wurde der Frühstückstisch bedächtig und sorgsam abgeräumt, wobei ich mir den Spaß erlaubte, jeden Krümel einzeln abzulesen, danach wedelte meine durchtriebene Ehegattin aufreizend mit dem Staubtuch. Päivi strebte dem Gästezimmer zu und verkündete, sie werde schon mal damit beginnen zu packen, ich selbst kramte im Schuppen meinen Werkzeugkoffer hervor und forderte Matti auf, mir beim Befestigen der schon seit mehreren Monaten losen Sockelleiste im Treppenhaus behilflich zu sein.

Welche Reaktion von meinem Kumpel kam? Eben: »Pöhköpää! Haben wir nicht Zeit für Blödsinnigkeitssachen! Cornelius und die anderen Gartenleute warten!« Dann warf er meinem verschmitzt grienenden Eheweib und mir einen missbilligenden Blick zu und brüllte mit Stentorstimme in den Keller: »Päivi!

Lähdetään! Nyt!«, zu Deutsch: »Päivi! Wir gehen! Jetzt!« Mit nochmaligem abfälligen Blick auf uns öffnete er die Haustür, schnappte sich seine bereitliegende originalfinnische Axt und marschierte in seinem karierten Flanellhemd und der großzügig bemessenen Rentner-Outdoor-Warnjacke, den orange-gelben Holzfällerhelm über den Arm gehängt (immerhin: Er hielt sich an seine Zusage!) ab, so dass wir eiligst hinterdrein eilten.

Je mehr wir uns der Festivität näherten, desto mehr Menschen jeglichen Alters strömten den weit geöffneten Toren der Laubenkolonie zu. Denn das Sommerfest der ›Saftigen Zwiebel‹ stellt traditionell einen der Höhepunkte im dörflichen Jahreslauf dar. Wer im Ort etwas auf sich hält und zum hiesigen Jetset gehören möchte, findet sich hier ein.

Über dem Eingang prangte ein handgemaltes Schild, mit Tannengrün umkränzt: »Willkommen!«. Vermutlich hatte Cornelius selbst es gefertigt. Er ist dafür bekannt, derartige Kunstwerke in mühevoller Kleinarbeit akribisch zu gestalten und genießt in der Dorfgemeinschaft den Ruf eines passionierten Schildermalers. Von dieser Begabung macht er eifrigen Gebrauch, so dass bei uns so ungefähr an jeder Straßenecke eines seiner Werke zu bewundern ist. Das Bemerkenswerte dabei ist, neben der kalligrafischen Akkuratesse, dass ihm manchmal diskrete Schreibfehler unterlaufen. So hat er auch Adalbert Pöckelreifs Lädchen schildermäßig verziert. Allerdings fehlt im Wort ›Schreibwaren‹ das ›B‹, wodurch Adalbert nunmehr ›Schreiwaren‹ vertreibt.

Und bei ähnlicher Gelegenheit mutierte unser Berthold Ockelmenger schildertechnisch vom ›Krankengymnast‹ zum ›Kranengymnast‹. Berthold allerdings bestand im Gegensatz zu Adalbert Pöckelreif auf Korrektur, weil er sich, wie er mir gegenüber äußerte, mit der beruflichen Laufbahn eines Zirkusakrobaten, der am Kran hängend gymnastische Verrenkungen zeigt, überhaupt nicht anfreunden konnte.

Wir bewunderten Cornelius' Begrüßungsschild ausgiebig, durchschritten dann das Tor und freuten uns an den Fähnchen, die in allerlei Farben an allen Ecken und Enden lustig im Sommerwind knatterten. Auch der Hauptweg der Anlage war mit bunten Wimpelgirlanden überspannt. Kurz, es bot sich uns ein ansprechendes Bild.

Am Tor zum Festgelände begrüßte uns Eduard Öpperdick, unser professioneller Dorfrentner und Hirschrudelsammler, wie bestimmt noch gegenwärtig. Eduard warf stolz sein Auge auf uns (im übertragenen Sinne natürlich) und eröffnete uns, er habe von Vereinschef Buxenhammer den Auftrag erhalten, uns, »vor allem die Finnländer«, unverzüglich in die VIP-Abteilung (Eduard sagte: »VIP-Longsch, wie am Flughafen!«) zu geleiten. Dann zwinkerte er verschwörerisch, beugte sich zutraulich zu mir und wisperte mir ins Ohr: »Ihr braucht auch keinen Eintritt zu zahlen!«

Wir folgten unserem Empfangschef ins Vereinsheim. Im Vorübergehen hörte ich mehrfach, wie Umstehende mit Blick auf Päivi und Matti hinter vorgehaltener Hand einander Mitteilungen machten wie: »Das soll der Präsident von Finnland sein!« – »Wer?« – »Na der! Der mit dem Helm und der Axt!« – »Der mit dem Helm und der Axt?« – »Ja!« – »Wieso der mit dem Helm und der Axt?« – »Hab' ich gehört.« – »Warum hat der 'nen Helm und 'ne Axt, als Präsident?« – »Weiß ich doch nicht! Frag' nicht so dumm!« Oder: »Das ist irgendein berühmter Politiker aus Finnland, und die Frau ist seine Sekretärin! Soll auch seine Geliebte sein, hat die Elfriede gesagt!« – »Welche Elfriede?« – »Du weißt doch! Die mit den Zehen!« Oder: »Helmut ... Helmut! ... Guck nicht hin! Das ist ein berühmter

Mann aus Finnland!« – »Wo?« – »Du sollst nicht hingucken, Doofmann! Da drüben! Der mit diesem Büchertypen zusammenhängt! Typisch! Immer die Gleichen! Ich hab' dir doch gesagt, du sollst jetzt nicht gucken!« – »Ich hab' doch gar nicht geguckt!« – »Doch, hast du aber!«

Wie hatten die Leute nur von Mattis Parlamentsplänen und sonstigen Star- und Staatsallüren erfahren? Meines Wissens nach war Jupp der Einzige, der außerhalb unserer häuslichen Gemeinschaft davon Kenntnis hatte.

Cornelius empfing uns strahlend: »Na, gefällt es euch? He, Matti, ich seh' schon, du willst am Holzhackwettbewerb teilnehmen, oder? Ich trag dich sofort ein.« Päivi verzog ihren Mund. »Es können ja auch Frauen mitmachen, stimmt es?«, meinte sie. Cornelius war erstaunt. »Ja sicher. Soll ich Sie anmelden?« Päivi schmunzelte. »Klar, wir finnischen Frauen sind sehr gut im Holzhacken. Du musst auch nicht ›Sie‹ zu mir sagen, Cornelius. Finnen sagen gerne ›Du‹ zueinander.« Der Zwiebelchef grinste verlegen, während er höchstpersönlich Päivis und Mattis Namen in die Liste schrieb. »Der Wettbewerb beginnt schon in einer Stunde. Ihr bekommt noch jeder eine Schutzbrille und Handschuhe sowie einen Overall von uns, das muss sein.« Matti wollte protestieren, aber wir erklärten unisono, wenn er hier eine Extrawurst spielen wolle und diese Schutzmaßnahmen verweigere, würden wir alle sofort das Fest verlassen. Da stimmte er denn mürrisch zu.

»Ich muss gleich meine Rede halten, und die Fahne wird dann geweiht; ich kann deswegen nicht hierbleiben. Aber hier ist Joachim, er leitet das Holzhacken und ist auch der Juror.« Joachim, ein großer Mensch mit Vierkantschädel, drückte uns allen die Hand und erklärte: »Jou, denn. Also, beim Holzhacken geht es so: Es gibt zwei Gruppen: Frauen und Männer ...« Matti säuerlich: »Das hat sich lieber Gott schon in Paradies so gewollt!« Joachim zögerte irritiert für einen Moment. »Ich meine doch beim Wettkampf! Jede Teilnehmerin und jeder Teilnehmer bekommt von uns eine Axt ...« Matti hielt sein finnisches Instrument hoch. Joachim schüttelte den Kopf. »Ich sagte: von uns! Die Bedingungen müssen schließlich fair sein! Also: Jeder bekommt außerdem 20 gleichgroße Holzscheite. Wer nach einer Minute die meisten davon gespalten hat, und zwar ordentlich in zwei Hälften (Matti ironisch: »Ordnung muss sein!«), hat gewonnen. Die Frauen fangen an. Gewinn: entweder ein Kosmetikset oder eine nagelneue Axt. Aber das wisst ihr sicher schon. Alles klar?« Päivi und Matti nickten.

Ich nahm Joachim zur Seite und informierte ihn: »Wenn Päivi gewinnt, wird sie sicherlich die Axt haben wollen, nicht das Kosmetikzeug. Wenn ihr nicht wollt, dass Matti, falls er Sieger bei den Männern wird, als Preis ein Kosmetikset nehmen muss, solltet ihr eine zweite Axt vorrätig haben!« Der Wettbewerbsleiter war erstaunt. »Meinen Sie wirklich, dass beide gewinnen? Sind sie denn so gut?« Ich berichtete ihm daraufhin von den Erfahrungen, die Förster Michael mit Matti gemacht hatte und von meinen Erlebnissen in Finnland in Bezug auf Mattis Höchstleistungspotenzial bei praktischen Holzzerkleinerungs-Vorhaben. »Wehe, wenn er losgelassen!«, bekräftigte ich, frei nach Schillers Lied von der Glocke. »Na ja,« beruhigte mich Joachim, »wir haben sowieso mehrere neue Äxte da, wurden uns gespendet. Da bin ich ja mal gespannt!«

In diesem Moment schmetterten Fanfaren kräftige Signale vor dem Haus: Zeit, sich dort einzufinden, um den Reden der Honoratioren zu lauschen und der Weihe der Vereinsflagge beizuwohnen. Draußen fanden wir schon eine große Menschenmenge versammelt, die voller Spannung einen Halbkreis um das lorbeerumkränzte Rednerpult gebildet hatte. Man unterhielt sich in froher Erwartung des Kommenden, tauschte die letzten Neuigkeiten des Tages aus, am Getränkestand und an der Würstchenbude hatten sich bereits lange Schlangen gebildet. Im spärlichen Schatten eines Halbstamm-Kirschbaums in der Ecke entdeckte ich die Rentnergang vom Kaffeeausschank. Unter tief in die Stirn gezogenen Schiebermützen (auf Hessisch ›Batschkapp‹ genannt) hervor musterten die älteren Herren eifrig ihre Umgebung, vermutlich auf der Suche nach Gesprächsstoff zum Ablästern …

Wenige Warteminuten später erklommen Cornelius und die weiteren angekündigten Redner die Tribüne. Cornelius Buxenhammer erhob seine Stimme: »Hochgeehrter Herr Bürgermeister (huldvolles Kopfneigen unseres Alfons Koppert), sehr verehrter Theobald Higgelbaum, verehrte Ehrengäste (er verbeugte sich leicht in Richtung Päivi und Matti), liebe Festgemeinde! Wieder einmal feiern wir unser Sommerfest. Und das bei herrlichem Sonnenschein. Unser Gartenverein ›Saftige Zwiebel‹ freut sich, Sie alle hier begrüßen zu dürfen. So können wir unseren Ehrengästen aus dem Norden Europas (leichte Verbeugung in Richtung Päivi und Matti) zeigen, wie wir feiern. Und unser Verein präsentiert ein buntes Programm, an dem auch unsere Ehrengäste (Verbeugung in Richtung Päivi und Matti) aktiv teilnehmen wollen. Außerdem haben wir eine neue Vereinsfahne anfertigen lassen, die der hochwürdigste Herr Pfarrer und der Pastor unserer evangelischen Gemeinde zusammen weihen werden. Die wird nachher an diesem Mast (er deutete auf einen Fahnenmast neben dem Rednerpult) wehen. Und ebenfalls nachher wird auch ein Holzhackwettbewerb stattfinden, vom Joachim organisiert, und unser Schorsch Zäpflein wird die Tombola eröffnen. Am Abend gibt es dann Tanz mit den ›Munteren Schalotten‹. Die Kinder können am Luftballonfliegen teilnehmen, beim Adalbert Pöckelreif und am Sackhüfen und Eierlauf bei Käthe Schroppels. Nochmals herzlich willkommen, auch unseren Ehrengästen (Verbeugung Richtung Päivi und Matti).«

Ehe ich eingreifen konnte, stolperte Matti schon die Stufen zum Rednerpult hoch und eilte ans Mikrofon, um sich zu bedanken. »Muss ich sofort machen Dankesworte!«, hörte ich noch, dann war er weg. Immerhin, den Holzfällerhelm hatte er rasch Päivi in die Hand gedrückt.

Ich befürchtete, er werde wieder eine seiner gräulichen deutschen Dauervorträge vom Stapel lassen, für die er sogar bei seinen finnischen Freunden zu Hause einen durchaus zweifel- haften Ruf genießt, und die in der Regel mit dem in diesem Buch schon einmal erwähnten »Trink, trink, Brüderlein, trink ...« enden. Ich habe das mehrfach erlebt, bei verschiedenen Gelegenheiten, unter anderem im Deutsch-Debattierclub in seinem Heimatort. Dort verlassen alle Anwesenden mit irgendeiner fragwürdigen Begründung umgehend den Raum, sobald Matti das Wort zu einer längeren Ansprache zu ergreifen droht.

Ich habe sogar noch in Erinnerung, dass der deutsche Kulturattaché in Finnland vor Jahren (oder war es vor Jahrzehnten?) Päivis und Mattis Wohnort besuchte, um eine Ausstellung deutscher Künstler zu eröffnen. Matti, damals für den dortigen Kulturverein als ›johtaja‹ (Vorsitzender) tätig, nutzte die Gelegenheit, um bei der Vernissage mit seinen eigenwilligen Deutschkenntnissen zu prangen und zu prunken. Der bedauernswerte Diplomat hielt einige Zeit durch, dann aber schlich er sich still und unauffällig von dannen ... Verschwand klammheimlich durch die Saaltür, der Bedauernswerte, mit der Erklärung, er müsse ein dringendes Telefonat führen – und ward nie wieder gesehen. Was den lieben Matti schon damals nicht beunruhigte. Er brachte gelassen seine weitschweifige Rede zu Ende und stimmte zum Schluss prompt obengenanntes Trinklied an.

Hier nun, bei der ›Saftigen Zwiebel‹, versuchte Päivi, völlig perplex, sich spontan hinter meiner erheiterten Ehe-Madame zu verstecken. Cornelius trat einen Schritt zurück, als Matti auf dem Podest erschien. Er war offensichtlich überrascht, schien aber Mattis Auftauchen doch zu begrüßen und überließ Päivis Angetrautem das Mikrofon. Dann schallte, leicht übersteuert, bis der Mann am Mischpult den Bogen raus hatte, Mattis stimmgewaltiges Organ über die Kleingärten, ja, das ganze Dorf:

»Gutes Volk, danke für Begrüßung und Willkommen! Die Sonne scheint von oben (Applaus und Ruf aus den Zuhörerreihen: »Na klar!«), und dieses Gartenpark ist sehr großmütig (wie er mir später erläuterte, hatte er ›großartig‹ sagen wollen). Wir sind gekommen aus dem herrlichen Finnland, zu schauen, was treiben deutsche Landsleute so (Applaus). Kann ich sagen, dass Deutsche sind ziemlich zutraulich und bekömmlich – will ich sagen: freundlich (Applaus). Heute wir feiern hier Fest des Sommers bei ›Saurer Zwiebel‹ (Gelächter und Applaus; man hörte, wie Cornelius Matti zuflüsterte: »Saftige Zwiebel, Matti, nicht Saure Zwiebel).« Matti zögerte kurz, dann fuhr er fort: »Also gut, bei ›Saftiger Zwiebel‹. Feiern wir trotzdem. Viel Spaß (frenetischer Beifall)!«

Voller Erfolg! Und kein ›Trink, trink ...‹ zum Schluss der Ansprache! Matti verließ das Podium und wurde beim Gang durch die Zuhörerversammlung von allen Seiten beglückwünscht. Man klopfte ihm auf die Schultern und schüttelte seine Hände, und ich beobachtete, dass manch jüngere und ältere Dame versuchte, sich durch den ihn umlagernden Menschenpulk zu drängen, um in seine Nähe zu kommen.

Seine Augen glänzten, als er bei uns eintraf und sich seine obligatorische, auf Grund der Umstände allerdings dezent ausgeführte Kopfnuss von Päivi abgeholt hatte, die ihn flüsternd fragte: »Warum hast du so ein falsches Deutsch gesprochen, hullu (›Spinner‹)?« – eine Frage, die Matti nur mit einem Grinsen beantwortete. Danach wandte er sich dem Bier zu, das Eduard Öpperdick zwischenzeitlich für sich selbst und ihn besorgt hatte. Wodurch sich Päivis strenge Miene nicht unbedingt besserte, wie sicher verständlich.

21

Die Begrüßungszeremonie ebenso wie die Fahnenweihe in aller Ausführlichkeit zu schildern, erspare ich mir. Theobald W. Higgelbaum als Mäzen des diesjährigen Festes fand einprägsame Worte, erzählte kurz von den wunderbaren Fernreisen seines Busunternehmens, bei denen noch Plätze frei seien und fügte einige Bemerkungen über die Schrecken des vergangenen Winters hinzu, in dem er, in aller Bescheidenheit, wie auch in den Jahren zuvor, mit Hilfe seines Streuwagens erneut mehrere Menschenleben habe retten können. Bürgermeister Koppert nahm im Anschluss an seine kurzen, gefälligen Begrüßungsworte Bezug auf die Bemerkungen des »lieben Theobald« über die Gefahren winterlicher Glätte und empfahl, sich nicht etwa durch das derzeitige sommerliche Wetter täuschen zu lassen, sondern rechtzeitig Winterreifen aufzuziehen; er habe genügend der gängigen Marken auf Lager.

Unser katholischer Dorfpfarrer und sein Kollege von der Konkurrenz nahmen sodann die Fahnenweihe vor. Es war eine würdige Zeremonie mit allerlei Gebetchen, Weihwasser und sonstigem Brimborium. Bald flatterte die Vereinsflagge im Wind, entfaltete sich zur Freude aller und erlaubte so den Blick auf ihr Motiv, eine mächtige, saftstrotzende Zwiebel in leuchtendem Orangeton auf grünem Grund. Darunter war in großen Goldbuchstaben ›CDC‹ zu lesen, die Abkürzung für ›Custodi, Domine, Cepam!‹, was zu Deutsch ›Schütze, Herr, die Zwiebel!‹ heiße, wie Cornelius uns später verriet. Es sei, erläuterte er Päivi und Matti nicht ohne Stolz, der Wahlspruch seines Vereins seit dessen Gründung 1899.

Die Zeit zwischen Fahnenweihe und Holzhackwettbewerb

war knapp bemessen, zumal Päivi und Matti noch in ihre Schutzanzüge gesteckt wurden. Doch alles klappte ohne Komplikationen, und bald konnte man die beiden Holzbearbeitungsspezialisten in ihren Overalls bewundern. Dabei ist zu sagen, dass Päivi wirklich hinreißend aussah, Matti dagegen den Anzug so komplett ausfüllte, dass ich jeden Augenblick damit rechnete, die Nähte könnten platzen. Matti hatte seinen ›erikoismetsuri‹-Helm aufgesetzt, Päivi einen Helm vom Kleingartenverein. An den Füßen trugen beide Gummistiefel, ebenfalls eine Leihgabe der ›Saftigen Zwiebel‹. Dieses Schuhwerk bewirke, bemerkte Päivi, dass sie sich »schon wie zu Hause« fühle. Wer die Finnen und ihre innige, von unverbrüchlicher Liebe und unerschütterlicher Treue gekennzeichnete Beziehung zu Gummigaloschen kennt, kann diese Äußerung gut nachempfinden.

Wir begaben uns gemeinsam zur Holzhackarena. Joachim wartete dort schon, umringt von weiteren Wettstreiterinnen und Wettstreitern. Als rechtschaffene Sportsleute schüttelte man einander die Hände, gelobte Fairplay und begutachtete sodann die von Joachim ausgehändigten Äxte. Päivi und Matti waren offensichtlich zufrieden. Joachim erklärte nochmals die Regeln.

Inzwischen hatten sich zahlreiche Zuschauer eingefunden; es war allgemein bekannt geworden, dass der finnische Staatspräsident, oder wer dieser Mensch, der so eine launige Rede gehalten hatte, auch sein mochte, am Wettbewerb teilnehmen werde.

Die ›Saftige Zwiebel‹ verfügt über eine lebendige Nachwuchsabteilung, was wirklich anerkennenswert ist. Die Jugendlichen hatten den Auftrag, den Holzhackerinnen und Holzhackern jeweils 20 exakt abgelängte Birkenscheite am Hackklotz zu stapeln. Joachim hatte, wie er mir berichtete, das sogar mit ihnen geübt, die Lagerfläche vermessen und aufgezeichnet, die Art der Stapelung festgelegt und jedes weitere, seiner Meinung nach relevante Detail bestimmt, damit gleiche Bedingungen für alle Teilnehmerinnen und Teilnehmer herrschten. Denn: »Ordnung muss sein!«, meinte er.

Die Holzhacker-Madln begannen, Päivi war als Letzte dran. Das war, meiner unmaßgeblichen Meinung nach, ein geschickter Schachzug von Joachim, um die anderen Teilnehmerinnen nicht von vornherein zu frustrieren. Denn ich war überzeugt, Päivi werde gewinnen.

Und so war es auch: Keine der vor ihr ungestüm und wild zuschlagenden Damen schaffte in der vorgegebenen Zeit alle Hölzer; die beste von ihnen, ein muskulöses, ja sogar monströses weibliches Wesen von wahrhaft monolithischen Ausmaßen, zerkleinerte 15 Scheite.

Päivi schritt siegessicher zu ihrem Hackklotz, ergriff wortlos den ersten Scheit – und los ging's! Joachim stand mit offenem Mund dabei, hingerissen von der Eleganz und Schnelligkeit, mit der Päivi zugriff, ausholte und traf. Im Überschwang seiner Gefühle vergaß er fast, die Zeit zu nehmen. Das Publikum, es raste in Begeisterungsstürmen, es klatschte rhythmisch Beifall, es jubelte in höchsten Tönen! Nach nur 35 Sekunden lagen alle Hölzer sauber gespalten am Boden, und die finnische Heldin schaute lächelnd in die Runde. Nicht eine einzige Schweißperle war auf ihrer Stirn zu sehen! Frenetischer Applaus, Vivat-Rufe! Joachim ergriff Päivis Hand wie bei einem Boxkampf, riss ihren Arm nach oben und verkündete: »Die Siegerin!«

Matti neben mir hatte der Vorführung schweigend zugeschaut. Er wirkte beunruhigt, und das steigerte sich noch, als sich seine Gemahlin nun für die nagelneue Axt als Siegestrophäe entschied ... Kein Wunder, hatte doch weder Joachim noch ich ihm verraten, dass es mehrere davon gab ... Ach wie köstlich kann doch Schadenfreude sein, nicht wahr?! Zumindest, wenn sie, wie in diesem Fall, letztlich auf dem Boden von Freundschaft und Liebe fußt.

Denn als der Juror nun die Männer an den Hackstock rief, war zu beobachten, dass Freund Matti dem Ruf erstaunlich zögerlich folgte ... Auch ihm war der letzte Platz unter den Akteuren vorbehalten, und Mattis siegreiche Gemahlin sowie meine begeisterte Ehefrau und ich skandierten zu seiner moralischen Unterstützung: »Matti! Sisu! Matti! Sisu! Matti! Sisu!« Es war herrlich und zeitigte Erfolg! Die Umstehenden stimmten ein, unser ›metsuri‹ richtete sich hoch auf, schwang seine Axt wie Thor seinen Hammer und legte los wie vom Affen gebissen. Es dauerte genau 34 Sekunden, bis alle Holzscheite akkurat geteilt waren.

Können Sie, liebe Leserin, lieber Leser, meine (und wohl auch Päivis) Erleichterung verstehen, dass Matti eine Sekunde schneller als Päivi gewesen ist?

Unser Holzhacker-Crack wartete nicht, bis Joachim ihn zum Champion erklärte, nein, er streckte seine Arme nach oben, schloss die Hände und winkte in Siegerpose den Zuschauern zu. Allerdings war auffallend, dass seine Haltung erkennbar zurückhaltender, um nicht zu sagen, gehemmter und verkrampfter wurde, sobald sein Blick auf das Kosmetik-Set fiel, das Joachim, der ruchlose Bursche, in teilnahmsvoller Boshaftigkeit und stillschweigender Übereinkunft mit Päivi sowie meiner durchtriebenen Ehe-Madame und mir als Siegespreis auf einem Tischchen arrangiert hatte.

Nun, Joachim war mitfühlend und ließ ihn nicht lange zappeln, sondern winkte Eduard Öpperdick, der sich schon bereit hielt und nun Schiedsrichter Joachim mit breitem Grinsen eine wunderschöne, nigelnagelneue Axt übergab. Deren Schneide blinkte und blitzte im Sonnenlicht, und unser Wettbewerbs-Organisator händigte sie unter dem hingebungsvollen Jubel der Versammlung mit kräftigem Handschlag einem vor Stolz fast platzenden Matti aus. Durch diesen Akt der Belohnung schien der Kämpfer für freies Chaotentum und überzeugte Anhänger unkonventioneller Umgangsformen wenigstens für den Moment domestiziert. Er bedankte sich liebenswürdig und verließ gemessenen Schrittes den Platz.

Währenddessen war die Tombola (Matti sprach stets von ›Tom Bola‹, warum auch immer) eröffnet worden. Sie stand unter der Regie von Jupp, Vreni und einer größeren Anzahl dynamischer Frauen unterschiedlichen Alters. Ihre Betriebsamkeit äußerte sich nicht nur im unablässigen Umdekorieren der Exponate, die zu gewinnen waren, sondern auch darin, dass sie uns mit ihren Loskörbchen regelrecht überfielen und uns jeden Fluchtweg gnadenlos versperrten. Wir konnten uns nur freikaufen, indem wir etwa 30 Lose, und zwar jeder von uns, erwarben. Nun gut, das musste ja die Chance auf Gewinn deutlich erhöhen.

Ich war überwältigt von den Preisen: Neben, grob überschlagen, an die hundert Blumenvasen (darunter auch das von uns gespendete Exemplar) entdeckte ich auch heute wieder die bei der Zwiebel-Sommerfest-Tombola konstant schon seit grauer Vorzeit zum Gewinn-Ensemble gehörende Stehlampe aus falschem Messing mit einem Schirm aus grob gewebtem Leinen: Das Prunkstück ist, davon bin ich überzeugt, das dauerhafte Große Los beim Gewinnspiel der ›Saftigen Zwiebel‹ – allerdings scheinen sich die jeweiligen Gewinner darin einig zu sein, sie niemals abzuholen. Nur so ist mir erklärlich, dass die Leuchte mit absoluter Sicherheit in jedem Jahr wieder die Tombola bereichert.

Alle weiteren Objekte aufzulisten, die zu sehen waren, ist hier nicht möglich. Es sei lediglich erwähnt: Päivi trug ungefähr 17 selbstgehäkelte Topflappen sowie eine aus Kokosnüssen gebastelte Affenskulptur und eine Schachtel Pralinen, die wegen der Sommerhitze ein etwas verquollenes Aussehen angenommen hatten, nach Hause. Die Beute meiner glücklichen Göttergattin bestand in einem edlen Zigarrenschneider aus Plastik, einem Set von Korkuntersetzern in Form von Igeln, einem Henkelbecher mit dem Aufdruck: »Schau nicht in den Spiegel! Der Tag hat so gut angefangen!« und einer Makramee-Eule.

Matti schleppte (man glaubt es kaum, aber es entspricht wirklich der Wahrheit) glücksstrahlend einen schweren Aschenbecher mit schmiedeeiserner Halterung, an der ein Schild: »Stammtisch« baumelte, mit sich. Er interpretierte dieses Ding als unzweifelhaften Hinweis darauf, dass sein Plan der Kneipeneröffnung in Finnland von Erfolg gekrönt sein würde. Zu seinen weiteren Errungenschaften gehörten ein Trockenblumenstrauß, eine Bratpfanne sowie drei Stockenten aus Pappmaché.

Den Haupttreffer allerdings hatte fraglos ich erzielt: Neben zwei Langspielplatten aus den 60er Jahren, mit Schlagern eines mir völlig unbekannten Sängers namens Friedhelm Dusselmann, Künstlername Dussi, hatte ich, mit ausgerechnet dem letzten meiner 30 Lose, eine Blumenvase gewonnen. Und zwar nicht irgendeine, nein, ganz und gar nicht ...! Eine der Tombola-Damen überreichte mir mit sonnigem Strahlen und dem fürsorglichen Rat: »Vorsicht! Sehr zerbrechlich!« präzise das Glasobjekt, das per Matti aus unserem Lager zur Tombola gewandert war. Seit diesem Erlebnis steht das Gefäß an einem exponierten Platz in unserer Wohnzimmervitrine.

Nach diesen unerwarteten Erfolgen bei der Tombola schlenderten wir zu viert weiter übers Gelände. Päivi und Matti genossen sichtlich das herrliche Sommerwetter und die Aufmerksamkeit, die ihnen von allen Seiten zuteil wurde. Besonderen Spaß hatten wir bei den Kinderspielen. Matti fand Gefallen am Sackhüpfen und Eierlauf. Vehement klagte er darüber, dass diese Turniere nicht auch für Erwachsene veranstaltet wurden. Gar zu gerne hätte er teilgenommen. »Ist sich sehr, sehr traueriglich. Hätte ich gerne gelaufen und gehüpft gegen Jupp oder Georg oder andere. Wenn ihr kommt in Sommerhaus in paar Wochen, wir machen dort solches Wettkampf!«

Unsere beiden Frauen strebten eilig zum Pflanzenraten. Sie übertrafen sich dort gegenseitig damit, das Grünzeug nach finnischer botanischer Nomenklatur einzusortieren. Das geschah selbstredend außer Konkurrenz, denn es war niemand vorhanden, der die Fachbegriffe hätte überprüfen können – und ich hatte mehr als einmal den begründeten Verdacht, die Phantasie bei der Benennung des Gemüses ginge mit den beiden Freizeitbiologinnen durch ... Dabei erfuhr ich wieder einmal, wie heißblütig Finninnen über derartige (und andere) Fragen debattieren können. Matti holte sich während dieser Gewächs-Bestimmungsorgie kommentarlos einen Stuhl, erhielt von Eduard ein frisches Bier, zog sich mit beidem in den Schatten eines Birnbaums zurück und döste dort vor sich hin, seinen Helm auf dem Kopf und die jüngst erworbene Axt gefühlvoll im Arm.

So verging der Tag, wir kehrten für einige Stündlein nach Hause zurück, zwecks Erholungspause und um uns seelisch auf das abendliche Tanzvergnügen mit den ›Munteren Schalotten‹ einzustimmen. Insbesondere mein finnischer Kumpel fieberte dem Auftritt von Doris entgegen. Wir warfen uns also gegen

Abend in Schale und brachen froh gestimmt erneut gen Laubenkolonie auf.

Auf dem Weg grüßte uns das halbe Dorf. Schon Elfriede Haumann, inzwischen wieder zu Hause, war von Tochter und womöglich zukünftigem Schwiegersohn Jürgen dekorativ im Rollstuhl auf dem Podest vor ihrer Haustür arrangiert worden, um von diesem Beobachtungsposten aus die Vorgänge auf der Straße verfolgen zu können. Sie präsentierte von dort aus ihre Fußwickel und winkte uns jovial zu.

Wir begegneten Berthold Ockelmenger mit Gattin, Georg Zäpflein inklusive kompletter Familie und Lothar Gutermann, der tatsächlich Päivi sowie meiner geschätzten Ehefrau und Matti »Hallo!«, sagte und mir immerhin sogar ein angedeutetes Kopfnicken schenkte. Michael, unser Revierförster, schüttelte uns die Hand und sprach Päivi und Matti seine Glückwünsche zum Holzhacksieg aus, von dem er schon gehört habe. Philipp Grospemeier, mit seiner Landwirtschaftskasse Finanzier so mancher geldwerter Anschaffung im Dorf sowie sein Duzfreund Hubsi Loggeler, Großbauer, Großgrundbesitzer und Großsprecher zogen mit würdevollen Mienen an uns vorüber.

Im Festzelt brandete schon jetzt die Stimmung hoch. Es war gerappelt voll, man plauderte über dies und das oder, besser gesagt, schrie sich heiser, weil die ›Munteren Schalotten‹ ihre Songs mittels überdimensionierter Boxen raumfüllend und pompös in jeden Winkel des Raumes transportierten. Wir fanden Platz an einem der langen Tische, man rückte höflich zusammen, und schon nach wenigen Minuten erschien unser lieber Eduard, heiter und merklich auf Wolken schwebend, fragte nach unseren Wünschen und kredenzte kurz darauf die gewünschten Getränke und Bockwürste »im Auftrag des Festkomitees«. Hatte auch für sich selbst ein Gläschen Klaren und ein Würstel dabei, betrachtete unsere Damen mit Wohlwollen, beugte sich zu mir und hauchte mir ins Ohr: »Schnuck... schnuckelige Bräute, diese Finn... Finnländerinnen. Kann ich dir nur gratu... gratulieren, kann ich dir nur ...!« Dann verschwand er wieder Richtung Theke.

Matti hing zur Erheiterung seiner weitherzigen Päivi mit Augen und Ohren an Frontfrau Doris. Im Verlauf des weiteren Abends gelang es ihm auch wirklich, Doris in einer kleinen Pause abzufangen und ihr mit glühenden Ohren von seiner geplanten Kneipengründung im fernen Suomi zu berichten. Doris, im Glitzerkostüm, das ihre Rundungen besonders augenscheinlich zur Geltung brachte, hörte ernsthaft zu. Dann tippte sie mit ihrem Zeigefinger erst sich, danach Matti freundschaftlich an die Stirn, eine Geste, die, glaube ich, international verstanden wird. Anschließend drückte sie dem Kneipenbesitzer in spe einen herzhaften Kuss auf die Lippen, wohlweislich nach einem absichernden Blick auf Päivi, die ihr vergnügt zuzwinkerte und verschwand hinter die Bühne.

Matti stand einen Augenblick völlig entgeistert, wurde hochrot, wie man trotz der gedämpften Beleuchtung erkennen konnte, schaute verdattert, auch schuldbewusst auf Päivi, sank auf die Bank und ließ seine Gedanken, offenbar ratlos, auf den Boden seines Bierglases sinken. Jedenfalls wirkte er sichtlich weggetreten und verstört. Die Reaktion von Doris war so heilsam, dass ich seit diesem Zeitpunkt niemals wieder etwas über Kneipen- (und Partei-) Gründung von ihm vernommen habe.

Trotzdem hatten wir alle einen vergnügten Abend und zogen, uns gegenseitig stützend, einschließlich Päivi, erst nach Mitternacht Richtung Heimat. Elfriedchens Küchen-Rollläden waren nur zu zwei Drittel geschlossen, als wir uns unserem Domizil näherten ...

Der folgende Tag sah uns erst recht spät, wir hatten das Frühstück zum Brunch gemacht. Der Nachmittag war dem Packen gewidmet, Päivi erhielt nun auch Aufklärung über Zapfanlage, Rasenroboter und Reifenschwan und erlitt in diesem Zusammenhang einen Gott sei Dank nur leichten Nervenzusammenbruch. Am Abend tauchte Jupp mit Vreni auf, unter allseitigen Tränen wurde Abschied genommen. Jupp und seine Ehegefährtin erhielten von Päivi und Matti eine offizielle Einladung nach Finnland, woraufhin Jupp meinte: »Seid vorsichtig! Wir kommen auch!«

Am Morgen starteten wir zu viert nach Travemünde. Matti und Päivi saßen hinten, um Matti von den Knöpfen der Fahrzeugelektronik fernzuhalten. Die Fahrt verlief ruhig, nur funktionierte ab Kassel die Innenbeleuchtung nicht mehr. Matti schwor Stein und Bein, er habe sie nicht berührt, allenfalls ein Mal, um zu sehen, ob sie noch intakt sei. Auch sein Fenster, das sich nach einem Zwischenstopp in Göttingen nicht mehr absenken ließ, sei von ihm nicht betätigt worden, höchstens habe er sich beim Aussteigen kurz auf der Türlehne abgestützt, in die der entsprechende Kippschalter integriert ist. Den Halt hatten wir eingelegt, um dem sehnlichen Wunsch meines besten aller Freunde zu entsprechen, wenigstens kurz seine Päivi »an der Leine« spazieren zu führen ...

Tja, und da standen wir nun, im Hafen von Travemünde. Das Wetter zeigte sich zwar nicht von seiner besten, aber immerhin manierlichen Seite: Der Himmel war bewölkt, aber es regnete nicht. Wir erwarteten das Auslaufen der ›Finnmaid‹.

Es war ein melancholischer Moment, als das Schiff, das unsere beiden Freunde in ihre Heimat bringen sollte, an uns vorüberzog, der Hafenausfahrt entgegen. Gedankenverloren lasen wir das riesige Transparent, das Matti an der Reling entrollte. Wir hatten gar nicht mitbekommen, dass er dieses Tuch bei uns bemalt hatte.

»Kiitos – Danke!« stand als einziges Wort darauf. In der rechten unteren Ecke war ein kleines rotes Tuch befestigt.

22

Zwei Wochen waren vergangen. In weniger als einem Monat würden wir nach Finnland aufbrechen, diesmal mit einem Anhänger am Auto. Denn Mattis Erwerbungen waren schlicht und einfach zu groß, um sie in unserem Fahrzeug mit in den Norden zu nehmen. Korrekterweise hatten Päivi und Matti sich schon bei ihrer Abreise bereit erklärt, die Mehrkosten für die Schiffspassage und den erhöhten Spritverbrauch zu übernehmen.

Als ich um die Mittagszeit den Briefkasten öffnete, fand ich darin einen Umschlag mit Päivis und Mattis Absender. Im ersten Moment erschrocken, in Erwartung schlechter Nachrichten, schwand meine Befürchtung sofort, als ich den Umschlag wendete und auf der Rückseite in großen Lettern die Aufschrift sah: »Ho, ho, ho, pöhköpää!« Ich gehe mal davon aus, dass klar ist, von wem diese geistvolle Bemerkung stammte – und, dass erinnerlich ist, was »pöhköpää« auf Deutsch bedeutet.

Meine bewunderungswürdige Ehefrau und ich, wir setzten uns aufs Sofa, rissen den Umschlag auf und zogen einen Bogen Briefpapier hervor: auf der einen Seite von Päivi beschrieben, mit wohlgeordneten, zierlichen Schriftzügen. Die Rückseite dagegen wild bekritzelt, mit Buchstaben und Worten, die eindeutig ihre ganz eigenen Ansichten hatten über die Richtungen, die sie auf dem Papier zu nehmen gedachten; dieser Text demnach ebenso eindeutig von Matti verfasst.

Päivi bedankte sich auf Finnisch nochmals in lieben, von Herzen kommenden Worten für die schöne Zeit bei uns und all die Erlebnisse. Sie erwähnte auch die Fahrten zu Burgen, Städten, Klöstern und Landstrichen, die wir gemeinsam mit ihr und

Matti unternommen hatten, und über die ich im vorliegenden Buch wegen Platzmangels nicht berichtet habe.

Matti schrieb auf Deutsch, und seinen Text möchte ich Ihnen natürlich nicht vorenthalten:

»So, kleines Schreibmännlein mit Frau!
Es war sehr gut bei euch, vor allen Sachen das Essen. Und das Bier.
Mit neuem Holzbeil habe ich schon gemacht Saunaholz.
Kuckucksuhr hat sich aufgehängt hier in Sommerhaus, kommt aber in Winter in warme Wohnung. Jyrki, Mauno und Veikko haben gewesen sehr neidischig, und Zeitung hat gedruckt Foto von Uhr. Wirst du sehen, wenn du kommst. Bring Grasfress-Roboter, Biersaugmaschine und Gummischwan mit! Grüße an Jupp mit Vreni, Bürgermeister, Cornelius, Berthold und Bäckermeisterlein Georg. Danke für schöne Tage und lustiges Gemüsefest.
Dein ehrliches Freund Matti.
Und Grüße an Doris, aber kein Kuss!«

Zertifikat für

____

hat an das internationale Saunaprüfung
unter Anleitung von Großem Saunameister Matti
mit Erfolg teigenommen.

Temperatur in der Sauna: ______ Grad Celsius

Sitzplatz in der Sauna: ______

hat in Sauna so lange gesessen: ______ Minunten

ist aus Sauna geflüchtiget: ______ Mal

hat löyly gemacht: ______ Mal

hat vasta benutzt: Ja ○ Nein ○

hat geheult wegen Hitze Ja ○ Nein ○

hat Saunatür offen lassen stehen ____ Mal

ist von Saunabank gefallen ____ Mal

hat finnisch Saunalied mitgesungen Ja ○ Nein ○

Ist jetzt geprüftigtes Saunalehrling!

Datum: ____________________

Unterschrift: ____________________
Großer Saunameister

Matti geprüft